もっと楽しむための
スイス旅行術 改訂版

今だから知っておきたい
達人の知恵 50

ネプフリン松橋由香 著

Mates-Publishing

▶ 目次

※本書は2018年発行の「知っていればもっと楽しめるスイス旅行術 ガイドブックに載らない達人の知恵50」を元に、情報の更新と加筆修正を行い、書名を変更して改訂版として発行したものです。

はじめに ………… 4

🇨🇭 1章 スイスという国の基本を知る

スイス年間カレンダー ……………………… 6
スイスという国の地理 ……………………… 8
コツ1 永世中立国であるスイスという国 ………………… 10
コツ2 自然を愛し、人に親切　親しみやすいスイス人気質 ……… 12
コツ3 自国に誇りを持ち、信じることで豊かさが保たれるスイス社会 … 14
コツ4 1つの国。なのにエリアで異なる4つの言葉 ……………… 16
コツ5 自国通貨"スイスフラン"を使用するが、ユーロも使用可 …… 18
コツ6 安心&安全で旅行者にはうれしいスイスの治安事情 ……… 20
コツ7 気持ちよく交流するには？　おさえておくべきマナー …… 22
コツ8 日本のスマホをスイスでも使うためには ………………… 24
コツ9 ベストシーズンはいつ？　スイスの四季について ……… 26
コツ10 6〜8月はイベントの季節！　季節ごとの催しを紹介 …… 28
コラム 日本人から見たスイス人考察1　〜村の消防団は村人たち自身で〜 30

🇨🇭 2章 空港到着からホテルまで

コツ11 スイスの空の入口はチューリッヒにあり！ …………… 32
コツ12 空港からチューリッヒ市内へは約10分とらくらく便利！ … 34
コツ13 衛生的なトイレが多いが有料の場合もあるので注意！ … 36
コツ14 ランク付けでわかりやすく基本的に清潔&快適なホテル … 38
コラム 名峰、街並み、湖まで！　絶景が楽しめるホテル ……… 40
コツ15 ホテルの部屋の設備は快適　ただし"エコ"を心がけて … 42
コツ16 ハムやチーズを味わいたい！　ホテル朝食の定番"ブッフェ" 44
コツ17 民泊、農園滞在などホテル以外の滞在システム ……… 46
コラム スイスで食べたいパンあれこれ　その1
　　　　〜ツォプフ&ギプフェリとラウゲンギプフェリ〜 ………… 48

🇨🇭 3章 交通を使いこなそう

コツ18 スイスの鉄道は国内はもちろん　隣国へもアクセス抜群 … 50
コツ19 日本と違う電車の乗り方　しかし、戸惑うことなかれ！ … 52
コツ20 これなしで鉄道旅は語れない！　お得なスイスのレイルパス … 54
コツ21 田舎を旅するのに欠かせない"ポストバス" …………… 56
コツ22 都市部での市民の足　トラム（路面電車）と市バス …… 58
コツ23 世界でも有数の高価なタクシー&上級者向けのレンタカー … 60
コラム スイスで食べたいパンあれこれ　その2
　　　　〜ロッゲンブロート&ヌスシュタンゲとヴァニルシュタンゲ〜 …… 62

🇨🇭 4章 雄大な自然を満喫するには

コツ24 ユングフラウの足掛かりとして外せない街・インターラーケン ……… 64
コツ25 ココ抜きにスイスは語れない！　標高3454mのユングフラウヨッホ … 66
コツ26 マッターホルンを望む小さな町・ツェルマット ……… 68
コラム ツェルマット周辺の絶景おすすめスポット4選 ……… 70

2

コツ27 山登りは死の危険もあるからこそ最大の注意を ……… 72

コツ28 スイス人は山をこう楽しむ "山登りBBQ" のススメ ……… 74

コツ29 雄大な景色が堪能できる「観光特急列車」あれこれ ……… 76

コラム ローカルに人気の穴場スポット！　スイス各地の山＆谷 ……… 78

コツ30 ロープウェーにケーブルカー　高いところをラクに楽しむ ……… 80

コツ31 スキー大国スイスでオススメのスキー場とは？ ……… 82

コツ32 湖の国でもあるスイス　遊覧船でのんびりクルーズも◎ ……… 84

コラム 日本人から見たスイス人考察2　〜パーティーではフォークダンスが基本〜 ……… 86

🇨🇭 5章 歴史に触れる街歩き

コツ33 スイスの首都であり美しい旧市街が魅力のベルン ……… 88

コツ34 スイスの空の入口であり経済の中心地・チューリッヒ ……… 90

コツ35 湖と中世の街並みにより古い空気が漂うルツェルン ……… 92

コツ36 洗練された雰囲気が素敵なフランス語圏の3つの街 ……… 94

コツ37 実業家が多いからアートも豊か　スイス美術館巡りのコツ ……… 96

コラム 世界的名画からユニークな展示まで　行く価値あり！な美術館 ……… 98

コツ38 知っていればスイス通！　中世にタイムトリップできる町 ……… 100

コラム スイスで食べたいパンあれこれ　その3
〜ラウゲンブレートリ＆ショッキギプフェリ〜 ……… 102

🇨🇭 6章 農業国ならではのグルメを堪能

コツ39 チーズ＆じゃがいもを使ったシンプルなスイス料理 ……… 104

コラム これを食べなきゃ！　スイスの定番料理8選 ……… 106

コツ40 レストランはこう選べ！　失敗の少ないレストラン利用術 ……… 108

コツ41 物価の高いスイスで節約しつつ上手に食事を楽しむコツ ……… 110

コツ42 新鮮かつ美味！　ぜひ食べたいチーズあれこれ ……… 112

コツ43 意外⁉　ミルクチョコレートの発祥の地であるスイス ……… 114

コツ44 高評価のワインはもちろん種類豊富なビールも試したい ……… 116

コラム スイスで食べたいパンあれこれ　その4
〜ヴェックリ＆メアコルンブロート〜 ……… 118

🇨🇭 7章 お得に買い物するコツ

コツ45 スイスのデパート巡り。庶民派から高級店、アウトレットも！ ……… 120

コツ46 スイスで買うべき！　ユニークアイテム＆ブランド ……… 122

コツ47 スイスの素材を使うから高品質！　オーガニック・コスメのあれこれ ……… 124

コツ48 スイス人の食卓を担う国民的スーパーとは？ ……… 126

コラム スーパーで買える！　美味しいお土産8選 ……… 128

コツ49 季節の風物詩or日常生活⁉　生活に根差したマーケットへ ……… 130

コツ50 免税（タックスフリー）はスイスにいる間に必ずすること ……… 132

コラム 日本人から見たスイス人考察3　〜とにかく騒音に敏感な国民性〜 ……… 134

🇨🇭 8章 ちょっと足をのばして　隣国へのエクスカーション

スイスの世界遺産 ……… 136

イタリア編 ……… 138／ドイツ編 ……… 139

フランス編 ……… 140／リヒテンシュタイン編 ……… 141

スイスから隣国へ行く時はパスポートをお忘れなく！ ……… 142

※この本で紹介している情報は2024年12月1日現在のものです。内容が変更される場合もあります。
なお、本書に掲載された内容による損害などは補償しかねますので、予めご了承ください。

3

はじめに

　みなさんはスイスにどのようなイメージをお持ちでしょうか。
永世中立国、アルプスの山々が広がる大自然、趣きある美しい街並み、
アルプスの少女ハイジ、のんびりした暮らし、チーズが美味しい国、
金融大国、世界のお金持ちが多く住む、物価が高い、などでしょうか。

　スイスは九州ほどしかないとても小さな国ながら、独自の文化を
色濃く持つ非常にユニークな国です。周囲にイタリア、フランス、
ドイツ、オーストリアなどの文化的な個性が強い大国に囲まれた国
ではありますが、山に囲まれているためなのか、それぞれの強い個
性に飲み込まれることなく、いずれの文化を吸収しつつもスイス独
自の性質を作り上げています。日本人に似ているところが多いとよ
く言われるスイス人、社会秩序がとてもよく保たれ、治安もよく、
清潔感があり、道にもあまりゴミが落ちていないクリーンな国なの
で、旅行をする人のほとんどが気持ちよく過ごせるでしょう。

　しかし、スイスという国をよりよく知ることで、そしてスイス人
の根本的なキャラクターを理解することで旅はさらに楽しくなるは
ずです。本書では、初めてスイスを旅行する方はもちろん、スイス
旅行を何度もされている方にでも、滞在が一層楽しく、より安心し
てできるように様々なコツを紹介しています。スイス在住20年の著
者が、スイスの内側からの目線で切り取ったスイスの楽しみ方です。
本書を通じて、みなさんの快適なスイス旅行のお手伝いができれば
とてもうれしく思います。

ネプフリン松橋由香

1章

スイスという国の基本を知る

🇨🇭 スイス年間カレンダー

ドイツ語	祝日	イベント
1月 **Januar** ヤヌアール	1日元旦	公現祭（東方の三博士の来訪記念日） スキーワールドカップ（ヴェンゲン） ジュネーブ・サロン（時計展示会）
2月 **Februar** フェーブルアール		ローザンヌ国際バレエコンクール(1月末から2月頭) ファスナハト(バーゼル、ルツェルン他／P29)★ ファスナハト休暇(州により異なる)★ チェゲッタ(レッチェンタール)★
3月 **März** メルツ	★聖金曜日 ★復活祭 ★復活祭月曜日	バーゼル・ワールド ルツェルン・フェスティバル(クラシック音楽祭) ジュネーブ・モーターショー カメリエ・ロカルノ(椿まつり)
4月 **April** アプリル		ゼクセロイテン(迎春祭り／チューリッヒ) ランツゲマインデ(挙手制選挙／アッペンツェル)
5月 **Mai** マイ	メーデー(州によっては祝日) ★キリスト昇天祭 ★聖霊降臨祭月曜日 ★聖体祭	デューディンゲン聖体祭 ランツゲマインデ(挙手制選挙／グラールス) 大道芸人フェスティバル(アスコーナ)
6月 **Juni** ユーニ		アート・バーゼル オープンエアー・ザンクト・ガレン(ロックフェス)
7月 **Juli** ユーリ		モントルー・ジャズ・フェスティバル(P28) グルテン・フェスティバル(ロックフェス／ベルン)
8月 **August** アウグスト	1日建国記念日	ロカルノ国際映画祭 ストリートパレード(テクノフェス／チューリッヒ) 連邦シュヴィンゲン・フェスト (スイス相撲全国大会／3年に一度の開催)
9月 **September** ゼプテンバー		チューリッヒ映画祭 チーズ分配祭り(ユスティス谷) 各地でカボチャ収穫祭り
10月 **Oktober** オクトーバー		スイス・インドア・オープン(テニス世界大会) バーズラー・ヘルプストメッセ(秋のお祭り)
11月 **November** ノーヴェンバー		カブ提灯行列(田舎の伝統行事) アーラウアー・リューブリメルト(ニンジン市) ツィーベレメリット(玉ねぎ市／P131) 各地でクリスマスマーケット(P131)
12月 **Dezember** ディツェンバー	25日クリスマス 26日聖ステファノの 祝日・ボクシングデー 31日大晦日(シルベスター)	各地でクリスマスマーケット(P131)

★は年によって日が移動する祝日やイベント

1章 スイスという国の基本を知る

知っ得情報	チューリッヒの気温	フランス語
公現祭では王冠を乗せたちぎりパンを食べる習慣がある。1つには王様のフィギュアが入っていて、もらった人はその日一日王様になれる。	4°／-1°	1月 Janvier ジャンヴィエ
ヴァリスの秘境地レッチェンタールの伝統行事、チェゲッタは秋田県のなまはげによく似ており、恐ろしい顔の木製のお面をつけて雪深い村を歩く。	6°／-1°	2月 Février フェヴリエ
ルツェルン・フェスティバルではクラシック音楽界の最高峰たちが集って素晴らしい音楽を奏でる。	11°／0°	3月 Mars マルス
ゼクセロイテンでは、藁でできた雪男に火をつけ、その頭が早く焼けるほどその年の夏の気候がよいとされる。	15°／6°	4月 Avril アヴリル
カトリックが深く根付くデューディンゲンで催されるキリスト教のお祝い。綺麗な民族衣装や花で飾られた女の子たちがとても可愛らしい。	19°／6°	5月 Mai メ
オープンエアー・ザンクト・ガレンはスイス最大の野外音楽フェスティバル。主に国外の話題のバンドが集結！	23°／13°	6月 Juin ジュアン
もっとも気候のよい時季となるため、スイス人の多くが外で過ごし、人々は「真冬とは別人？」と思うほどオープンに明るくなる。	25°／15°	7月 Juillet ジュイエ
ロカルノ国際映画祭は世界の著名な映画監督、俳優、女優らが集結するスイスの映画イベント。	24°／15°	8月 Août ウット
カボチャ農家がカボチャの装飾品や、カボチャのジャム、スープ、ケーキなどを自慢の品を売る。彫刻作品などの展示も。	20°／12°	9月 Septembre セプタンブル
ヘルプストメッセでは、バーゼルの街の数カ所に大規模の移動式の遊園地や屋台が出て秋を祝う。	15°／8°	10月 Octobre オクトーブル
カブ提灯行列では、カブに彫刻をし、ろうそくをカブの中に灯して暗い村を歌いながら行進する。主に子どもたちの行事。	8°／3°	11月 Novembre ノーヴァンブル
スパイスの効いたレープクーヘンやスイスのクリスマスクッキー各種がクリスマスマーケットに並ぶのでお試しあれ。	5°／0°	12月 Décembre デッサンブル

スイスという国の地理

スイスはヨーロッパ大陸の心臓部にあり、ドイツ、フランス、イタリア、リヒテンシュタイン、オーストリアと隣接しています。しかし、大きな山々に囲われているという地形もあって、政治、歴史的に陸の孤島状態のユニークな国となっています。

バーゼル

▶フランス語圏およびフランス国境周辺

スイスフランス語圏はレマン湖が広がる美しい地方であると同時に国際的な機構が多く集まる場所で、世界的な著名人から愛されています。また、スイスワインが多く造られる地方でもあるので葡萄畑が広がる景色や、湖のあるのんびりした風情ある風景を楽しめる場所でもあります。

インターラーケン
(P64-65)
ユングフラウヨッホ
(P66-67)

ジュネーブ（P94）

▶ドイツ語圏およびドイツ国境周辺

ドイツ語圏は、スイスの土地の大部分を占めています。ドイツ語とは言え、スイス訛りが強いためドイツ人でも理解できません。例えば「こんにちは」に当たるグーテンターク（Guten Tag）はスイスではグリュエツィ（Grüezi）と言い、単語すら異なってきます。しかし食文化などを見るとドイツからの影響は強く、似た料理も多くあります。

ツェルマット／
マッターホルン
(P68-69)

1章 スイスという国の基本を知る

▶首都ベルン(P88-89)

ベルンはスイス中央部にあるとても小さな街のため、空の玄関口であるチューリッヒが首都と勘違いをされやすいのですが、政治の中心部であるこのベルンが首都になります。この街の始まりは12世紀まで遡り、その頃に築かれた旧市街はユネスコの文化遺産に指定されています。またスイス三代名峰のあるベルナーオーバーラント地方へ出る中継点として便利な場所でもあります。

▶チューリッヒ(P90-91)

チューリッヒはスイス最大の都市で金融の中心地。日本からの直行便が就航している上、どの街へ行くにも電車のコネクションがよいので大変便利な中継地点となります。また大学も多く、学生が多いためアートや音楽、ファッションをリードする街でもあります。一方、チューリッヒの発祥の地がある旧市街などは歴史的な一面も見せてくれます。

ルツェルン
(P92-93)

クール

サンモリッツ

▶イタリア語圏およびイタリア国境周辺

イタリア語圏は一部を除き、ティチーノ州のみです。湖沿いにあり、気候が温暖なため、スイス人のバカンスの地としてとても人気があります。家々の作りもイタリア語圏ならではの石造りの家屋、教会などが魅力です。食文化もがらりと変わってイタリア寄りの食事をします。ティチーノ州とイタリアをまたぐ湖がマッジョーレ湖になります。

永世中立国である スイスという国

▶ 永世中立国になった経緯

　そもそも永世中立国とは、将来もし他国間で戦争が起こっても、他国とは一切同盟を結ばず、自国は中立の立場を永久的に続け、その中立を他の国が承認していることを意味します。では、なぜスイスが永世中立国となったのでしょうか。スイスは、**ドイツ、フランス、イタリアなどの強国に周囲を囲われた小さな国**です。国土は貧しく、外貨を稼ぐために傭兵を各国に送り、様々な国を援護していました。そのためにスイスという国自体が分裂し戦いあうという悲しい過去を持っています。そんな中、歴史的な転換期となったのが、1803〜1815年のナポレオン戦争時です。この時、スイスが**列強国に支配されることなく、1つの独立した国家として成り立たせるために取ったのが"中立主義"**です。この主義はナポレオン戦争直後の1815年のウィーン会議にて承認されました。そして永世中立国としてのスイスが生まれたわけです。

　余談ですが、現在バチカンにおいてローマ法王を警護しているのはスイス傭兵です！　現在スイスでは傭兵制度は廃止していますが、象徴的な意味が強いということでここのみ例外となっているのです。

赤字に白十字が入ったスイスの国旗

▶ 中立だが、軍を持つ

「スイスは中立国で戦争をしないはずなのになぜ軍を持つの？」という疑問をよく耳にしますが、**逆に、中立だからこそ国防軍を持つ**のです。中立国というのは、他国家同士の戦争に介入しない、というものです。つまり、スイス外の国家戦争には手を貸さないけれど、他国からスイスが攻撃されるということはおおいにあり得るため、**有事に備えてスイスは万全の国防準備を整えている**のです。それは民間レベルにまで浸透している徹底ぶり！ 1960年代初頭に**始まった核シェルターの設置義務により、多くの家庭には核シェルターがあります**（現在は義務付けられていません）。もちろん、学校や公共施設アパートにも大型の核シェルターは備わっています。また徴兵制度もあり、約14〜17万人の予備兵がいる状態です。兵役期間中のスイス人宅には銃があるのも、有事の際には即戦闘態勢に入れるということを意味します。軍事施設も徹底しており、アルプス山中には、戦闘機が発着できる秘密軍基地や倉庫があるほど。そう、スイスは**世界有数の軍事国家**と言えるのです。ほのぼのとしたハイジの世界のイメージからすると驚きの事実ですよね。

耳よりコラム

核シェルターの意外な利用法とは？

核シェルターがあるスイス人家庭。とは言え、実際にはワインセラーとして利用されることが多いようです。温度や湿度が一定に保たれ、外的な影響を受けにくいのでワインの保存にぴったり。かくいう私の義両親宅でもそのようにしています。

自然を愛し、人に親切
親しみやすいスイス人気質

▶ 保守的ではあるがとてもフレンドリー

スイス人は、基本的にとても親切な人々です。困った人や助けが必要な人には警戒心を忘れ、全力で力になってくれる面倒見のよい人々なのです。スイスを旅していればきっと親切なスイス人に何度も助けられることでしょう。これは、**自分たちの自慢のスイスをとにかく楽しんで行ってもらいたい、気持ちよく過ごして欲しい**という純粋な気持ちからなのです。

しかし、本質の部分では、四方八方を壁のような険しい山で囲われた厳しい地形からか、内向的な性格をしています。よそ者に対し大きな警戒心を抱き、なかなか本性を見せません。つまり、本当の意味で友達になるには時間が長くかかり、困難を極めるのです。

よく耳にする言葉が「**アメリカ人はアボカドで、スイス人はココナツの実**」というもの。両者の性質をとてもよく表現した言葉です。前者のアメリカ人は、大変外交的でアボカドのように殻を破るのが容易ですが、心の奥底にはアボカドの種のように硬く閉ざした核があり、本当の意味で心を開くのは難しいと言われます。一方のスイス人は、ココナツの実のようにカチコチに硬い殻を持っているため、それを壊すのに時間が大変長くかかります。しかし、一旦その硬くて分厚い殻を壊すことができれば、本当の友達になれるのです。

▶ 時間を厳守する日本人に近い性格

スイス人と日本人はよく似ていると言われています。両者ともに

1章 スイスという国の基本を知る

完璧主義、約束や時間はとてもよく守る、キレイ好き、人当たりがよいなど共通点がたくさん！　近隣のヨーロッパ諸国と異なり、公共の交通機関も遅延もほとんどありません。

　ただ、日本と違う点も多くあります。まず挙げられるのは、**仕事とプライベートの時間のバランスを大切にしている**点です。オン・オフをきっちりと切り替えます。また、新しいものが大好きな日本人と違い、スイス人は自国に誇りを持っているため、**美しい街並みや自然の景色を昔のまま残そうとする意識が強い**と言えます。景観だけではなく、古いものを長く使い続けようとする性質も顕著で、家族代々使用されてきた家具や道具、玩具に至るまで何度も直しながら使い続けている人が少なくありません。

▶ 自然や山を愛し、誇りを持つ

　スイス人の自然環境や動物保護への意識は非常に高く、国民全体にその意識は浸透しており、日本人は見習うところが多いと強く言えます。例えば、ゴミの仕分けに関しても徹底しており、**各家庭には生ごみを土に還元させるためのコンポストボックスの設置がごく一般的に浸透**しています。また、休みとなれば森や山へ出かけて自然を感じながら歩きに行きます。長期休暇の場合は、山の上に一週間ほど別荘やホリデーアパートを借りて静かな時間を楽しみに行きます。毎日違うルートをトレッキングする人も少なくありません。そんなスイス人の意識により、雄大な自然がそのままに残る現在につながっているのでしょう。

各家庭にあるコンポストの一例

13

自国に誇りを持ち、信じることで豊かさが保たれるスイス社会

▶ ヨーロッパ屈指の豊かな国

　世界的にみて、非常に裕福な国というイメージがあるスイス。事実、2024年の国連発表の「世界幸福度ランキング」でも上位でした。スイス社会の豊かさの理由は、あらゆる面で自国を尊重する姿勢にあると言えます。スイスはEUのど真ん中にありながら、決してEUに加わろうとしません。NATO（北大西洋条約機構）も同様の上、通貨もスイスフランを貫き通しています。総じて、**自国のやり方で自国を守り、自国で豊かな国を築いている**のです。

　またEU諸国に比べ、税率が低いため、ヨーロッパの裕福な人たちが移住してくることでも知られています。かの有名なチャップリンやオードリー・ヘップバーンなどは晩年をスイスで過ごしました。豊かで快適、暮らしやすい社会がそこにあるため、今なお、世界からの憧れの国となっているのです。

美しい街並みにより、世界の富豪に愛されるスイス

▶ 驚異的な物価高の理由

　スイスは豊かな国と言われていますが、同時に世界でもトップクラスに物価が高いことで知られています。例えば、英紙エコノミス

ト発表のビッグマック指数では世界1位になっており、日本が約450円に対して、スイスは約1200円と2.5倍以上！また、1人あたりのGDP（国内総生産）は、日本のおよそ2倍となっていますし、チューリッヒ市内で部屋を借りる場合、1ベッドルームでも約20万円ほどはかかってしまいます。このような物価高の背景には、平均収入の高さが挙げられま

このセット内容で2500円弱となってします

す。最低月収は74万円台、平均月収は約120万円、アルバイトでも、某スーパーのレジ打ちで時給は約3400円と言われています。人件費が非常に高いため、物価が高くなってしまうのです。

　そして、世界一の守秘義務を保つ多くのプライベートバンクの存在による多額の外貨流入も物価が高くなる要素の1つです。面白いのは、北欧やEU諸国などと違ってスイスの消費税は8％と日本より少ないこと。それでも自国防衛をはじめ、様々な政策を維持できるのが日本とは異なる点かもしれないですね。

▶ よそ者を受け入れない保守的な社会

　スイスの社会はなかなかに保守的です。例えば、スイスで女性に国政への参政権と被選挙権が認められたのは1971年のことで、リヒテンシュタインを除くとヨーロッパで最後でした。また、"よそ者"を容易に受け入れない一面もあり、永住権を取得するにはスイスに継続して10年以上滞在をはじめ、非常に高いハードルがあります。昔のものを守り続け、なかなか新しいものを取り入れない心が、スイスをより保守的な社会にしていますが、とは言え積極的に移民を受け入れているため、国民の26％は外国人となっています。

1つの国。なのに
エリアで異なる4つの言葉

▶ スイスで使われている言語はなんと4つ

　スイスは、西ヨーロッパの真ん中に位置し、北にドイツ、西にフランス、南にイタリア、東にオーストリアとリヒテンシュタインがあり、国境が接しています。国土の広さは九州程度の大変小さな国ですが、この立地により、**話される言語も囲まれた国の影響を受け、ドイツ語（約63%）、フランス語（約22%）、イタリア語（約8%）、これに加えてロマンシュ語（約0.5%）の4カ国語が話されています**。ですから、同一国民同士なのに異なる言語の人々同士がコミュニケーションを図る際に、中立の英語を使用するなんてこともよくあります。

　ちなみに、スイスのドイツ語は、正式なドイツ語ではなく、スイスの方言「**スイスドイツ語**」が話されています。ドイツ人でも解さないほどの強い訛りです。これも地方によって様々な方言があるのですから外国人には苦労の種です。またスイスドイツ語にはフラン

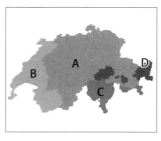

A **ドイツ語**：チューリッヒ、ベルン、ルツェルン、インターラーケンなど

B **フランス語**：ジュネーブ、ローザンヌ、ヌー・シャテルなど

C **イタリア語**：ルガーノ、ロカルノなどのティチーノ州のみ

D **ロマンシュ語**：サンモリッツ、クールなどのグラウビュンデン州一部のみ

1章 スイスという国の基本を知る

ス語と混ぜた言葉が多く存在するのも特徴と言えるでしょう。

旅行者のみなさんは、自分のいるエリアで何語が話されているかを意識するとよいでしょう。「おはよう」や「こんにちは」などの簡単な挨拶だけでもその土地の言葉で交わすことができれば、コミュニケーションはより円滑なものになるはずです(P23参照)。

▶ 都市部や観光山岳地方では英語が通じる

4つの使用言語があるとはいえ、**チューリッヒやベルン、ローザンヌ、ジュネーブ、ルガーノなどの都市部では比較的、英語が通じます**。とくにスイスの玄関口であり国際的金融街であるチューリッヒや国連をはじめとする国際機関の多いジュネーブの人々はさすがで、英語が堪能な方が大勢います。また年間を通じて**観光客が集まるインターラーケンやグリンデルヴァルド、ツェルマットなどの山岳地方も英語が通じやすいでしょう**。よほどの無名な田舎村へ行かない限りは、片言の英語さえ知っていれば旅行をするのにほぼ問題はないのでご安心ください。

耳よりコラム

言語で違う、スイスという国名

私たちは日本語で「スイス」と呼んでいますが、じつは4つの使用言語により、国名の言い方も異なります。もっとも馴染みが深い「スイス(Suisse)」というのはフランス語。ドイツ語では「シュヴァイツ(Schweiz)」、イタリア語では「シュヴィーツェラ(Svizzera)」、ロマンシュ語では「シュヴィズラ(Svizra)」となるのです。そして、スイスドイツ語では「シュヴィーツ(Schwiiz)」となります。面白いのが、とくに決められた綴りがないので聞こえたままに表記する点。ただし、新聞や公共の標識などでは全て標準ドイツ語で書かれています。ちなみに、英語ではスイスは「Switzerland」となります。

コツ 5 SWISS

自国通貨"スイスフラン"を使用するが、ユーロも使用可

▶ スイスだけの通貨"スイスフラン"

スイスは「陸の島国だ！」とよく言われます。ヨーロッパ大陸の真ん中に位置しながらも中立姿勢を保ち、**EU非加盟国のため、通貨もスイスフラン（以後、CHFと表記）を使用している**からです。旅行者の方は、日本を出発するときにスイスフランを両替しておくと安心ですが、スイスフランの用意がない銀行があったり、レートが悪い場合も。スイスに到着してからの方がおすすめですが、空港や観光地では手数料の高いところもあるので注意しましょう。

▶ ユーロの使用も可能だが…

スイスフランが通貨と言えども、周囲がユーロを使用している国々なために、**ユーロで支払うことも都市部や観光地ではたいてい可能**です。電車やバスの券売機やショッピングセンターなどの支払いはもちろん、ATMでユーロをおろすこともできます。しかし、気をつけなければならないのがレートの問題。**ユーロ⇔スイスフランのレートが悪いため、スイスフランで支払う方がお得**であることは忘れないでください。例えば、他国を旅行してきてユーロがたくさん余っている場合やフランスや

EUROと書かれている部分がユーロ換算の場合の金額

18

1章　スイスという国の基本を知る

ドイツから日帰り旅行でスイスの街中を散策する程度であれば、ユーロで支払えばよいと思いますが、1日以上滞在するのであれば、物価の高いスイスですからスイスフランに両替することをおすすめします。

ちなみに、スーパーなどでの買いものでは、レシートにスイスフランの金額だけでなく、ユーロ換算で支払った場合の金額も併記されていることが多いので、参考にするとよいでしょう。

▶ 現金好きなスイス人でも進むキャッシュレス

2020年に発生した**コロナ禍を機に、現金好きで知られていたスイスでもキャッシュレスが他国にもれず進みました**。都会のカフェなどではQRコードを読み込んで注文するケースも増えてきています。クレジットカードはVISA、Masterなどは問題なく使える所が多いですが、日本で発行されているクレジットカードは基本的にスイスではそのまま利用できます。ただし、JCB、AmericanExpress、Dinersカードは利用できない店もあるので注意しましょう。

また、スイスでも**クレジットカードによるタッチ決済が小さなお店やマーケットなどの屋台も含め広く一般化**され始めています。かざすだけなのでスムーズな買い物になりますが、上限80CHFまでと決められていて、それ以上のカードでの支払いには暗証番号が必要となりますので、**旅行前に必ず暗証番号を確認しておきましょう**。キャッシュレス化は進みつつありますが、それでも現金は多少持っておくと公共のお手洗いや小さな買い物などには便利です。しかし、**日本からスイスフランに両替するとレートが悪いので日本円を持って現地で両替する方がおすすめ**です。チューリッヒ、ジュネーブの空港や鉄道中央駅には両替所が設置されています。また市内の銀行でもほとんど窓口で両替が簡単にできるのでご安心を！

19

安心&安全で旅行者には うれしいスイスの治安事情

▶ 基本的には安全な国

　スイスの国民たちは、平均しておとなしく、真摯で真面目です。このような国民性から**近隣のヨーロッパ諸国に比べ、治安がとてもよい国**です。世界的に見ても、世界治安ランキングなるもので163か国中で4位になったほどの治安のよさ。わかりやすい例を話すなら、財布や身分証明書などを落としたり、どこかに置き忘れてしまったとしても、親切な方が届けておいてくれたり、拾ったご本人がわざわざ電話を掛けてきてくれたりします。しかも、財布の中身もそのまま丸々戻ってくることがほとんどです。このような親切さ、実直さの点でもスイスは日本と類似していると言えるでしょう。

▶ 大きな都市の駅や空港ではスリ注意！

　平和なイメージが強いスイスですが、残念なことにここ近年、都市部に治安の悪いエリアができたり、観光客を狙った犯罪などが報告されるようになりました。ちょうど近隣諸国の移民たちがスイスに入国してきたタイミングと重なるように、スイスの治安が不安定になり始めてしまったことも残念ながら事実です。もちろん移民の人全員が悪さをするわけではなく、ごく一部に限られているのですが、こうした現状も知っておくことが大切です。

　では、どのようなところに気をつけるべきでしょうか。まず、駅や空港などのスイス初心者が多く集まる場所で、**いかにもスイス居住者ではない観光客を狙った窃盗被害**が増加しています。財布やス

1章 スイスという国の基本を知る

マートフォンをポケットに入れていて気がついたらなくなっていたという**スリ事件**や後ろポケットに入れていたスマートフォンから個人情報だけ盗まれるサイバースリ、自分の荷物から少し目を離したすきにカバンを盗まれるといった**置き引き**などには注意が必要です。**財布やパスポートなどの貴重品はポケットには絶対に入れないでください！** スーツケースやバッグなども絶対に置いたままどこかへ行かないようにしましょう。

▶ 実際にあった事件例

　ここで、私が実際に経験したことをお話ししましょう。私の姉がスイスに来た際、空港から自宅に戻る間のことです。様々な方面からの電車をつなぐ大きめな駅で、ある男性が私に「この電車は〇〇に行くの？」と電光掲示板を指差しながらフレンドリーに話しかけてきました。私がそちらに気を取られていると、もう一人が私の姉のポケットから財布を盗み取ったのです。その二人は 姉のスーツケースを電車に持ち上げたり、いかにも親切を装っていましたが、後からよく考えれば、電光掲示板にその行き先が書いてあるのだから「聞くまでもなく当たり前！」という質問をしてきていたのです。ちなみに、財布を盗まれたことはすぐに気がつかず、あとで発覚しました。

　手口は実に巧妙で一瞬です。まわりでもチューリッヒ空港でやはり同じような手口で貴重品のスリに遭った人がいます。フレンドリーに声をかけてくる人がすべて悪人というわけではまったくありませんが、そちらに気を取られないこと、そして持ち物によく注意を払って手放さないようにしましょう。

気持ちよく交流するには？
おさえておくべきマナー

▶ 世界的に有名なマナースクール

　スイスでマナーと言って思い浮かぶのはマナースクールではないでしょうか？　英語ではフィニッシングスクールと言い、王侯貴族、財閥家、資産家の大事な令嬢たちが結婚するまでに、ヨーロッパの社交界で恥ずかしくないよう振る舞える礼儀作法や、豊かな会話をするための教養などを学ぶための学校のことを意味します。

　スイス人がみなマナースクールに通うわけではありません。スイスの一般家庭とは一線を画した世界と言えるので、ご安心を。

▶ スイスでのマナーの基本

　スイス人がみな礼儀作法において貴族並みにしっかりしているわけではありませんが、**日本とは違う、スイスならではのマナー**ももちろん存在します。いくつかのポイントを紹介しましょう。

挨拶 ▶▶ 人とのコミュニケーションをとても大切にするスイス人。その基本となるのが「挨拶」。右の表に挙げた言葉だけでも現地語で言えると、コミュニケーションは円滑になります。とくに、日本にはない作法として、お店やレストラン、カフェに入った時に挨拶するのは、当たり前のマナーです。

鼻をすすらない ▶▶ 「公の場で鼻をかむことは恥ずかしいこと」とインプットされている日本人の常識をスイスでは壊してください。鼻はすするほうが無礼になります。鼻をすすらなくて済むまで思う存分かみましょう！

■ 1章 スイスという国の基本を知る

相手の目を見る ▶▶ 会話ではきちんと「相手の目を見て」言いましょう。その行為は挨拶であると同時に「私は今、お店に来ました」「帰りますよ」という店員さんへの合図とも言えます。そうすることで、瞬時に店員との信頼関係も生まれ、心地よい接客を受けることができるのです。

マスク ▶▶ コロナ禍でスイス人のマスクに対する意識も変化し、マスクを着用していても周囲から変な目で見られるようなことはなくなりました。現在のスイス国内ではマスクをする人はほとんど見かけませんが、マスク着用してもとくに問題はありません。

時間厳守 ▶▶ スイス人は日本とよく似て時間をきちんと守ります。電車の発着時刻も時刻表にわりと正確ですし、友人同士の約束も信じられないぐらいきちんと守ります。子どもの誕生パーティーはほとんど遅刻ゼロ！　大人のパーティーもほぼ時間通りにみな集まってきます。

　旅行者が気をつけたいのは、レストランなどの予約。予約した時間よりも遅れそうな場合は電話を一本入れるとよいでしょう。そうでないと予約を取り消され、テーブルを他のお客さんに回されてしまう場合もあります。

基本の用語一覧

	スイスドイツ語	フランス語	イタリア語
こんにちは	Grüezi グリュエツィ	Bonjour ボンジュール	Buon giorno ボンジョルノ
ありがとう	Danke ダンケ	Merci メルシー	Grazie グラッツェ
さようなら	Uf Wiederluege ウフ ヴィーダールエグ	Au revoir オ ヴォワール	Ciao チャオ
●●を お願いします	●●,bitte ビッテ	●●,s'il vous plaît スィル ヴ プレ	●●,per favore ペル ファヴォーレ
はい／いいえ	Ja ／ Nein ヤー　ナイン	Oui ／ Non ウィ　ノン	Si ／ No スィ　ノ

23

日本のスマホを スイスでも使うためには

▶ 大きな街では無料のWi-Fiも

スイスのWi-Fiは、ドイツ語圏ではWLANと表記されることが多く、読み方はヴェーラン、フランス語圏ではウィーフィーと呼ばれています。チューリッヒやバーゼルなどの大きな街では、ホテル、カフェ、レストラン、携帯電話ショップなどで無料使用できるWi-Fiアクセス・スポットが多くあります。

また**スイス国鉄（SBB）の駅でも無料アクセス可**です。サービスを提供している場所では「WiFi」「WLAN」の表示とアイコン（写真）が出ていることがほとんどで、それらの表記にFREEと併記されていれば、接続は無料です。ちなみに、無料Wi-Fiは登録制が多いので、その場合は利用前に氏名やE-mailアドレスを登録する必要があります。

以下のような表示が出れば接続できる

▶ ただし、電車内では使えない難点あり

スイス国鉄の駅では無料のWi-Fiがあると話しましたが、**無人駅のような小さな駅ではつながりませんし、電車内でのWi-Fi環境は整っていません。**特急列車のような長距離を走行する特別列車でも基本は使用できません（一部の観光登山列車では使えることもあり）。個人での携帯電話会社との契約でインターネット環境は整っ

1章 スイスという国の基本を知る

ているのですが、旅行客にまでインターネット接続環境を整えるまでには、至ってないのが現状です。電車内でのネット検索などはできないので、降りる駅などは事前にチェックをしておきましょう。

▶ 日本のスマホをスイスでも使うなら

今や生活に欠かせないアイテムとなったスマートフォン。旅行中も、地図アプリで目的地への行き方を確認したり、日本の家族や友だちと連絡が取れたりと、無料のWi-Fiにつなげる場所以外でも、日本と同じような感覚でスマホが使えると何かと便利です。

そのためには、以下に挙げるような方法がありますが、自分の使用頻度に合った方法を選びましょう。いずれもスマホの機種によって対応外の場合もあるので、事前にしっかり確認を。

Wi-Fiルーター ▶▶ 1つのルーターで複数台の端末を接続できるので、同行者と一緒に使えて便利。手荷物が増える、複数人で使うとルーターのバッテリーが減りやすいなどのデメリットあるので、別行動をしないグループ旅行にはおすすめ。初期設定がシンプルなので、デジタル機器の操作が苦手な方にも◎。

SIMカード ▶▶ スイスで使えるSIMカードを購入し、SIMロックが解除されたスマホに入れて使います。スマホによっては、カードの入れ替えの必要がないeSIM(端末本体に埋め込まれたSIM)に対応している場合も。初期設定は自分で行うことになるので、ある程度スマホの操作に慣れている方向け。

海外ローミング ▶▶ 普段の携帯料金に海外ローミングが含まれている場合と、海外旅行時にオプションとして加入する場合があります。SIMカードの入れ替えやルーターを持ち歩く煩わしさがないので気軽。携帯会社によって料金や条件が様々なので、しっかり確認を。

ベストシーズンはいつ？
スイスの四季について

▶ 四季がしっかりある国

スイスにも日本と同様に四季があります。春は3月〜5月、夏は6月〜8月、秋は9月〜11月、冬は12月〜2月とされており日本より少し前倒しです。**旅行のベストシーズンは5月〜10月上旬。**天気が比較的安定しており、山も、森も、川も、湖も、程よい気候の中で楽しめる最高の季節と言えるでしょう。

春 ▶▶ 雪が溶け始めると、スイス人は早々に山へトレッキングに出かけ始めます。またサイクリング・シーズンの始まりでもあります。旬の食物はイチゴ！ とても甘くて美味しいので見かけたらぜひ味見してみましょう。

夏 ▶▶ 夏はハイキングとピクニック、またイタリア方面では湖水浴&海水浴、そしていよいよスイス人が愛してやまないBBQシーズン(P74)の到来です。ただし、日中は30℃になることがあっても、朝と夜は冷え込むこともあるので注意。

秋 ▶▶ 木の葉が色づく季節であると同時に、食の秋でもあります。リンゴ、ナシ、プルーンなどはもちろん、キノコやジビエ(シカやイノシシ、キジなどを使った料理)もぜひ堪能してください。

冬 ▶▶ 冬はなんと言ってもスキー(P82)の季節！ 日中はたっぷりとスキーやスノーボード、ソリを楽しみ、夜は暖かい暖炉のある山小屋でワインを嗜みながらチーズフォンデュを食べます。これが典型的なスイス人の冬の休暇の過ごし方です。

1章 スイスという国の基本を知る

▶ 場所によって温度差が大きいので注意

　高低差の多いスイス、山へ行かれる方は温度差がかなり大きく開いているので、**重ね着できるように様々な服を用意しておく必要があります。**ユングフラウヨッホやマッターホルン横のグレッチャーパラダイスのような4000m級の場所へ行く方はそれなりの防寒着の用意を。真夏でも吹雪いていることもあるほどです。また高低差だけではなく、行く地域によっても気候は変わります。北部のチューリッヒでは雨が寒々と降っていたのに、南部のティチーノに出てみれば夏日なんてことも！　とにかく、どんな気候にも適応できるように重ね着が必須です。また、地球温暖化の影響で雪が降らなくなったエリアもあるので、事前に確認が必要です。

▶ サマータイムあり

　もうひとつ、気をつけたいのが**サマータイム制度**です。3月の最終日曜日にサマータイムへと変わり、また10月の最終日曜日にウィンタータイムへと変わります。**夏時間になるときは1時間早まり、冬時間に変わるときは1時間遅くなる**のですが、この時刻変更日に旅行が重なると混乱しやすいので、とくに飛行機や電車に乗る予定の方はくれぐれも注意が必要です。

都市＆山岳地帯の平均気温比較

	チューリッヒ（標高408m）	ツェルマット（標高1608m）
1月（冬）	4℃／－1℃	1℃／－7℃
4月（春）	15℃／　6℃	11℃／　0℃
7月（夏）	25℃／15℃	21℃／　7℃
10月（秋）	15℃／　8℃	12℃／　2℃

6〜8月はイベントの季節！
季節ごとの催しを紹介

▶ 夏におすすめのイベント

　四季のあるスイス、なかでも6〜8月はスイス人が待ちに待った夏のシーズン到来です。太陽も輝くこの時期、スイス各所でいろいろなイベントが開催されます。その雰囲気を少しだけ体感するだけで、スイス人の気分を楽しめます。もちろん、世界的に有名なイベントもありますから、そのイベント目当てでスイスを訪れるのもアリですよ。

● モントルー・ジャズ・フェスティバル
(Montreux Jazz Festival) ／モントルー

　レマン湖の東部に位置するモントルー（P95）で毎年6月下旬から7月上旬にかけて2週間、開催される**世界でも有数のジャズ・フェスティバル**。1967年から始まったこのフェスティバルは、現在ではジャズだけにとどまらず、ブルース、ソウル、ロック、レゲエ、アフリカや南米などのワールドミュージックなども含むようになりました。世界中から豪華な一流のミュージシャンが集結し、モントルーの町の各地でライブミュージックを上演します。

　またモントルーにはカジノもあり、そのカジノ・ド・モントルー内には、**イギリスのロックバンド、クイーンの記念館（Queen：The Studio Experience）があり**ます。かつてモントルーを愛した同バンドのヴォーカリスト、フレディー・マーキュリーが使用していたピアノなどもあるのでクイーンファンは必見です！

28

1章 スイスという国の基本を知る

● **ウィリアム・テル野外劇場 (Tellspiele) ／インターラーケン**
　インターラーケン (P64-65) で毎年6〜8月の木曜日と土曜日のみに開催される**ウィリアム・テル野外劇場**。約100年の歴史を持つ演劇は大変ユニークで、森の中に野外劇場を設け、13世紀の町並みを再現し、ロッシーニ作曲のオペラ「ウィリアム・テル」を上演。**人間だけでなく、動物も共演するのが見どころ**。とても人気があるのでチケットは早めに確保を！（雨天決行）

▶ 2〜3月はカーニバルの季節！

　カトリック教会に属する各州で行われる**スイス最大のお祭り「ファスナハト (Fasnacht)」**。分かりやすく言えば、カーニバルのこと。キリスト教カトリック教会の風習で四旬節 (灰の水曜日から復活祭までの期間) から断食に入るため、**その前に「飲んで食べて歌って踊ってどんちゃん騒ぎをしよう！」というのがそもそもの始まり**です。現在ではそれに加え、暗くて寒い冬を払拭して春を迎えようという意味も込められるようになりました。年によって変動しますが、だいたい春先のイースター前の2〜3月ぐらいに開催されます。**スイスでもっとも有名なファスナハトのパレードは、バーゼルとルツェルン**のものです。パレード参加者はもちろんですが、周辺の見物客たちも手の込んだ本格的な仮装をしているのでそちらも見ものです。

子どもから大人まで、みんなが楽しめるカーニバル

29

コラム

ここがユニーク！

日本人から見た スイス人考察

その1

～村の消防団は村人たち自身で～

　スイスの職業消防士の数は全国でも1300人程度。そのほとんどはチューリッヒやベルンといった都市部の消防局に所属しています。他の欧州諸国と比較しても職業消防士の数が少なく、有志の消防士の人数が圧倒的に多いのがスイスの消防士事情です。地方自治体、とくに村の消防局（消防団）の有償消防士たちはみな兼業消防士で、残りの消防士は有志が消防活動を行なっています（時給報酬支給＋火災税免除）。有志たちは基本的な知識を習得することを義務付けられていますが、その講習費は無料。また制服や備品も全て村の自治体から無料で支給され、各自の自宅に保管しています。災害が発生すると参加できる人のみが出動！　もちろん「村を救う、守る！」ということが大前提ですが、別の目的もあるようです。それは、定期的にこのメンバーで飲みに行くこと。ここに顔を出し過ぎて妻が痺れを切らし離婚なんて話もたまに耳にしますが、これはここだけの話で！

2章

空港到着からホテルまで

スイスの空の入口は
チューリッヒにあり！

▶ スイス最大の都市から旅はスタート

　日本からスイスを旅するなら、**直行便の場合はスイス インターナショナル エアラインの利用**となります。成田⇔チューリッヒを結んでおり、フライト時間はおおよそ13～14.5時間となります。**一方、日系の飛行機会社やヨーロッパ系の航空会社を利用する乗継便も多く利用**されています。羽田空港の利用もできるルフトハンザ航空や全日空、日本航空でフランクフルト経由、エールフランスでパリ経由、また関西空港を使用したい場合はフィンランド航空でヘルシンキ乗り継ぎという方法もあります。中東系のエミレーツ航空やカタール航空、エティハド航空、トルコ航空などを使えば、航空券の価格を抑えることができるのでそちらも人気です。

　いずれの場合も、**空の旅の玄関となるのはほとんどがチューリッヒ国際空港**となります。経由便の場合、ジュネーブからも入ることができますが、その後の山岳エリアなどへの移動を考えるとチューリッヒにするのが便利でしょう。ただ、自分の行きたいエリアへのアクセスを考えてどこの空港に降りるかを選ぶのがよいかと思います。

　なお、チューリッヒの近郊に位置するチューリッヒ空港はスイス最大規模の国

スイスの国旗〝スイスクロス〟がロゴになった快適なスイスエアー

32

際空港です。とは言え、ヨーロッパの他の大都市に比べるとコンパクトで機能的にまとめられています。また、**チューリッヒ空港から市の中心地まで列車で約10分強**と、市内までのアクセスも抜群の上、空港内ではWi-Fiの無料アクセスが1時間無料で利用できるなど、旅行者にとって非常に使いやすい空港と言えます。

▶ 流れに沿って行けば、迷うこともなし

　飛行機を降りると、まずは「Immigration」の表示を見ながら、入国審査のカウンターへ進みましょう。パスポートと帰国便の航空券を提示して審査を受けるのですが、入国に際してカードなどを書く必要もありません。ただ、審査の際、旅行の目的や滞在日数などを聞かれることがあります。入国審査を通過したら、日本で預けたスーツケースなどの荷物の受け取りをして、税関を通過することになります。入国審査などに時間がかかることもあまりありませんが、**気をつけたいのがバカンスシーズン。**近年の人材不足により、荷物のチェックインやセキュリティチェックが思わぬ行列となり、予想以上に時間がかかることもあります。帰国の出国審査の際には時間に余裕をもって3時間前には空港に向かうようにしましょう。

！ ここに注意！

帰国の際は、チェックインカウンターをチェック！

迷うことがないチューリッヒの空港ですが、気をつけたいのが出国の際。チェックインカウンターは3か所に分かれていて、フロアが異なります。自分のチケットに書かれているチェックインカウンターをあらかじめ調べておくとスムーズです。また、搭乗ゲートが「E」となった場合も要注意！　空港内を電車で移動しなければなりません。スイスエアーを利用する場合は必ずここになるので、余裕を持って搭乗口へ向かいましょう。

空港からチューリッヒ市内へは約10分とらくらく便利！

▶ チューリッヒの街に出るには

　空港からチューリッヒの街に出る、**もっとも早くて便利な方法は鉄道です**。空港の鉄道駅は空港の地下に位置しているので駅へのアクセスも簡単！　チューリッヒ中央駅までの所要時間はたったの10分程度。しかも電車は2〜10分の間隔で出ているので、スーツケースをピックアップした後も焦る必要はありません 。

　切符は窓口、券売機、またはオンラインSBB.chで購入できます。スイス国内のほとんどの交通機関が半額になるスイス・トラベル・パスやスイス・ハーフ・フェア・カード (P54-55参照) を持っている方はそれも使用可能です。ただし、券売機で購入する際に「Children / Half Fair 1/2」というボタンを押し忘れないように注意しましょう。

　ちなみに、チューリッヒ空港はドイツ語でZürich Flughafen、市内にある中央駅はZürich HBと表記されます。HBとはHaupt Bahnhof (ハウプト・バーンホーフ) の略でつまり「中央駅」を意味しています。券売機では英語表記もできるのでドイツ語を知っておく必要はないのですが、駅の標識や掲示板を見る時などは知っておいたほうが便利&安心ですね。

英語表記もあるので迷うことはない券売機

2章　空港到着からホテルまで

▶ 空港駅からそれ以外の都市へ

　スイス全土をくまなく網羅しているスイス鉄道はとにかく大変便利です。チューリッヒ空港から**様々な目的地へアクセスする場合も、鉄道がもっともアクセスしやすい交通手段**と言えるでしょう。最終目的地までの切符は空港駅で購入できますのでご利用ください。長距離移動をされる方は、交通費が非常に高いスイスなのでスイス・トラベル・パスやハーフ・フェアー・トラベルカードを上手に活用するとよいでしょう（P54-55参照）。

　以下に空港駅から主要な都市へのアクセスの方法を記します。主要な目的地へは直行で行ける場合もありますが、多くが中央駅などの乗り換えになります。**乗り換える駅のドイツ語表記は事前に調べておくと乗り換えがスムーズ**になります。

チューリッヒ空港から各都市への行き方

ルツェルン (Luzern)	チューリッヒ中央駅で、ルツェルン行きに乗り換えて所要時間1時間強。約30分に1本の運行。
ベルン (Bern)	空港からの直通あり。インターラーケン・オスト、またはローザンヌ行きで所要時間約1時間15分。それぞれ1時間に1本の運行（つまり30分に1本）。または、チューリッヒ中央駅で、ジュネーブ空港、ローザンヌ、ベルン行きに乗り換えて所要時間約1時間10分。約30分に1本の運行。
インターラーケン・オスト (Interlaken Ost)	空港からの直通あり。インターラーケン・オスト行きで所要時間2時間15分弱。ただし、不定期なので時刻表をWEBかアプリなどで確認を。または、チューリッヒ中央駅かベルン中央駅でジュネーブ空港行きに乗り換えて所要時間約2時間15分。約30分〜1時間に1本の運行。
クール (Chur)	チューリッヒ中央駅で、クール行きに乗り換えて所要時間約1時間40分。約30分に1本の運行。

35

衛生的なトイレが多いが
有料の場合もあるので注意！

▶ 公衆トイレもわりと充実

　旅行先でのトイレは常に悩まされる問題の１つですよね。でも、スイスは驚くことに**公衆トイレが結構な割合であちこちに設置**されています。しかもトイレットペーパーもきちんとあることがほとんどで、**公衆トイレとは思えないほどの清潔**ぶり。さすがはキレイ好きが集まる国スイスです！　公衆トイレは有料だったり無料だったりとまちまちですが、有料の場合は小銭が必要になるので常に小銭は持っておくとよいでしょう。

　ただし、公衆トイレがあるのは街の中の話。山へ行くとさすがに公衆トイレは無く、カフェやレストランのトイレを使用する形になります。休憩する際には必ずトイレに行っておきましょう。ちなみに、**トイレの入口の扉には男性はHerren（仏語はMessieursかHommes）、女性はDamen（仏語はDamesかFemmes）と**文字だけで表記されている場合もありますので気をつけましょう。

▶ 有料だけど、優雅な駅のトイレ

　小さな駅を除けば、大概、どこの駅にもトイレはありますが、ここ最近、**無料だった駅のトイレが有料化されている傾向**もあるようです。例えば、チューリッヒやバーゼルなどのように大きな構内を持つ駅では1.5CHFを支払う有料トイレがあります。しかし、クリーンさは抜群！　専属のお掃除屋さんが常にいて、使用するたびに掃除をしてくれるほどです。椅子付きの洗面台もとてもきれいでゆ

ったりとしているため、化粧直しなども落ち着いた中でできるのもうれしいところ。1.5CHFを支払う価値は十分にあると言えます。

また、**電車の中もトイレはほとんど設置**されています。ローカル線でさえも付いていることがほとんどなので、電車移動中に済ませておくという手もあります。その際に注意ですが、貴

重品は必ず手に持ってお手洗いに行きましょう。スーツケースなど沢山の荷物がある場合は、そばに座っている方に見張っておいてもらうようお願いするのもいいでしょう(ただし、貴重品だけは必ずどこへ行くにも持参すること)。

▶ ベストはカフェやデパート

街歩きをしているときにトイレに行きたくなったら、**手っ取り早くたどり着けるのはカフェやレストラン、デパート**になります。ただし、カフェやレストランは何かを注文しないといけないというのが難点になりますが、背に腹は代えられません。カフェでトイレだけを借りようとしたらコード番号を入れないとドアーがあかない!なんて場所も多くあります。**無料で気軽に借りられるのはデパート**です。**「Manor、Globus、Jelmoli」がスイスの三大デパート**(P120-121)。とくに前者2つは大きめの街のどこにでもあるのでトイレを探す場合はこのデパートが無難でしょう。

ランク付けでわかりやすく
基本的に清潔&快適なホテル

▶ ホテルの基本

スイスは観光立国です。そのために**ホテルの数も種類もとても豊富**！　山間の山小屋からユースホステル、B&B、中級ホテル、またはハリウッドスターや政界人など世界的な著名人たちが多く宿泊する最高級ホテルに至るまで、幅広い種類の宿泊施設があります。これらのスイス全国各地の宿泊施設のうち4割がスイスホテル協会（SHA）に加盟しており、その**加盟ホテルは星の数でグレードを決められています**。星数は1～5個で分けられており、最高級ホテルが5つ星ホテルで、ホテルの入り口にも★★★★★マークが掲げられています。多くの項目でグレードが決定づけられるので、星の数と値段は比例しておらず、たとえ同じ星数のホテルであっても値段に大きな差があることも！

1つ星 ▶▶ 宿泊するのに必要最低限の施設。共同シャワーが主。

2つ星 ▶▶ エコノミークラス。設備は簡素ながら心地よく宿泊できるところが多い。

3つ星 ▶▶ 中級クラス。同じ3つ星ホテルでもホテルによってかなりの違いがある。

4つ星 ▶▶ 高級クラス。設備もサービスも大変よく、とても快適に過ごせる。

5つ星 ▶▶ 最高級クラス。申し分ない設備と至れり尽くせりな素晴らしいサービス。

星の表記によってひと目でグレードがわかる

2章 空港到着からホテルまで

▶ 旅行者なら250CHF以上の3つ星以上がオススメ

　では、一般的な旅行者ならば、どのランクを選べばよいでしょうか？　高級ホテルとみなされる5つ星ホテルの相場は400CHF以上、快適に過ごせる中級ホテルは300CHF前後、経済的なホテルで200CHF以下というのがホテル選びの基準と言えます。しかし、**スイスは清潔な国なのでどのホテルに宿泊しても（たとえユースホステルに泊まっても）、ほとんどの場合が大変清潔**で驚かされます。エコノミークラスのホテルを選ぶと、内装がとても古くさく昔から改装がされていない、などの問題点はあるかもしれませんが、清潔さはほとんどの場所で心配ないでしょう。視点を変えれば、昔のスイスを垣間見られるという利点に変わります。

　なお、ホテルの部屋の窓の景色なども意識して予約するとより一層宿泊が楽しくなります。ホテル予約の際に山や美しい街並みなどが楽しめる部屋を希望してみるといいでしょう。混雑してなければ希望を叶えてくれますよ！

▶ スイスホテル協会について（SHA: Swiss Hotel Association）

　ベルンに本部を置くスイスホテル協会の設立は1882年。以来、スイス全国のスイスホテル協会に属するホテルをチェックし、ホテルのグレードを星の数によって決めています。協会は、ホテルの衛生面、安全面、家具、施設の損傷具合、バスルーム便座の衛生度、ミニバーの内容や質に至るまで細かくチェックします。抜き打ち覆面捜査官も存在するほどの厳しさです。星の数でホテルの箔がつくのでどこのホテルも必死です。このホテル協会の存在があるからこそ、スイス国内ではどこのホテルもわりと高水準のレベルが保たれていると言えるでしょう。

39

コラム

＼ 名峰、街並み、湖まで！／
絶景が楽しめるホテル

ツェルマット

Hotel La Couronne

URL: https://www.hotel-couronne.ch

ホテル・ラ・クロンヌ
★★★

「名峰マッターホルンがよく見えるホテルに泊まりたい」という方にぴったりなのがこちら。マッターホルンが美しく見える絶景スポットの橋のすぐ横にあるロケーション抜群のホテルです。朝焼けのピンク色と夕焼けの黄金色に染まるマッターホルンがたっぷり堪能できます。予約の際にマッターホルンの見える部屋をリクエストしましょう。

ホテル・ベルヴュー・デ・ザルプ

ユングフラウヨッホを登るユングフラウ鉄道の乗り換え駅があるクライネ・シャイデック。その駅からすぐの場所にある標高2070m、創業1840年の老舗ホテル。メンヒ、アイガー、ユングフラウの三大名峰が差し迫る大迫力な景色を大満喫できるシャイデック・パスのど真ん中に立っているので、最高の景色を楽しめます。

クライネ・シャイデック

Hotel Bellevue des Alpes

URL : https://www.scheidegg-hotels.ch

スイスにはユニークなホテルがたくさんあります。窓からマッターホルンが見えたり、高級リゾートの湖畔に佇むホテルだったり、シチュエーションは様々。素晴らしい思い出になることは間違いなしです。

ベルン

URL: http://www.schweizerhof-bern.ch

ホテル・シュヴァイツァーホーフ・ベルン
★★★★★

各国の著名人が利用してきた創業1856年の5つ星の最高級老舗ホテル。テラスからは世界遺産の旧市街の眺めが楽しめます。5年の歳月をかけて改装し、2010年にリニューアルした部屋の内装も素敵。ロビーラウンジはもちろん、眺めのよい屋上のバー、老舗レストランなどが併設され、最高のひと時を過ごせるでしょう。

ロイヤル・サヴォイ・ホテル&スパ
★★★★★

数々のアワードで賞に輝いた、名実ともに最高級ホテル。2015年に装いを新たに再オープンした部屋は、文句なしの素晴らしい豪華なインテリアとサービス。美容施設も最高級でテラスからはロマンチックなレマン湖が望めます。ラウンジ・バー、ブラッスリー、レストランだけの利用も可能なのでそのような利用方法もあり。

ローザンヌ

URL: http://www.royalsavoy.ch/en

ホテルの部屋の設備は快適
ただし"エコ"を心がけて

▶ シャワーのみの部屋も普通

　スイス人はエコロジー精神の塊です。節水のためにバスタブにゆっくり浸かるのは週に一度程度に留めている、もしくはシャワーしか使用しないという人も少なくありません。もちろん個人差はありますが、学校の授業でも「節水を心がけてお風呂はなるべく入らないようにしましょう！」などと教えるぐらい徹底しているのです。従って、**ホテルでもシャワーのみの部屋が多いのが現状です。**

　「どうしてもバスタブなしではイヤ！」という方は中級ホテルの上レベル以上を選びましょう。ホテルによってはバスタブが付いた部屋と、シャワーのみの部屋の両方を持ち合わせているので、事前に確認し、バスタブ付きの部屋をリクエストしてください。早めの予約であればほとんどの場合、希望を叶えてくれるでしょう。

　また、**夏でも比較的過ごしやすいスイス、冷房がある部屋はごく一部**です。一方、雪国スイスの冬は万全！暖房施設はセントラルヒーティングが主で暖かく快適に過ごせるでしょう。手洗いした洗濯も翌朝には乾いてしまうほどですよ！

エコノミーな料金のホテルでもシンプルで快適に過ごせる

2 章　空港到着からホテルまで

▶ 割高なミニバーに注意！

部屋に用意されているアメニティーは、中級以上のホテルでシャンプー、トリートメント、ボディーローション、シェイバー、コットン、綿棒、ちょっとしたお裁縫セットなどが一般的。どこもクラスにより内容が全く異なります。エコの国スイスでは、**スリッパや歯みがきセットはあまり付いていない**ので、日本から持参するとよいでしょう。ヘアードライヤーはほとんどの部屋についています。ない場合はフロントで尋ねれば貸してくれることがほとんどです。

そして、中級以上のホテルになるとミニバー（冷蔵庫）が部屋にありますが、ここで注意！　ただでさえ物価の高いスイス、**割高になるホテルのミニバーを利用するのは得策ではありません**。連泊する場合は輸入品（ドイツや東欧諸国の製品）を多く扱う安いスーパー等で１〜１.５リットルの水を購入し、毎日小さなペットボトルに補充しながらそれを持って観光に出かけるとよいでしょう。これもちょっとした節約術です。ちなみに、水は無料で出してくれるホテルもあります。

▶ 貴重品管理は念のため万全に

スイスのホテルは信頼度が高いので、部屋に貴重品を置きっぱなしにして朝食などに出かけても盗られることはまずありませんが、やはり**念には念を、セキュリティーボックスを利用**したいところ。ベッドメイキングなどのホテル従業員に盗られることだってあります。セキュリティーボックスには鍵式とコード番号式とがありますがスイスではほとんどがコード番号式です。ただし、パスポートは身分を証明するものです。常に持ち歩きましょう。

43

ハムやチーズを味わいたい！
ホテル朝食の定番"ブッフェ"

▶ スイスならではのハムやチーズを食べ比べ

　スイスのホテルの朝食は、コンチネンタル・ブレックファーストが主です。しかしその内容はホテルのグレード、ホテルの宿泊料金によって大きな差があるので「朝食を楽しみたい！」という方は少し値段の高めのホテルに宿泊してください。ホテルにあるレストランやサロンのような朝食ルームで食べることになります。

　ブッフェ式の場合は、**チーズ天国、ハム天国のスイスですから、ぜひこの朝食を利用して様々なチーズやハムを試してみて**ください。種類の豊富さと美味しさに感動することでしょう。他にもシリアル、ジャム、ヨーグルト、果物、ジュース、ハーブティー、紅茶、コーヒーと種類も豊富です。思わず食べ過ぎてしまいがちですが、物価の高いスイスですから、**朝食をしっかりと食べておいて外で食べるランチなどは軽くするというのも１つの方法**と言えます。

　なお、朝食の際の注意点ですが、貴重品（スマホや部屋のカギ）などをテーブルに置いたままで食べ物を取りに行かないこと。貴重品は肌身はなさずが基本です。

　一方、エコノミーク

朝食の時間帯はチェックイン時に必ず確認を

ラスの朝食は最低限のものしか用意されておらず、パン、チーズ、ハム、ヨーグルトなども2種類ぐらいずつしかありません。

▶ ホテルで朝食がついていないなら

ホテルの宿泊費に朝食が含まれていない場合は、ホテルの外へ出てカフェなどへ足を運ぶのもいいでしょう。多くのカフェは早朝からオープンしていて、美味しい朝食メニューがあります。また、**パン屋さんにカフェが併設されているところも多く、朝食を食べるには大変おすすめです！** 朝食メニュー（写真参照）ももちろんあります。内容はカフェの朝メニューと変わりませんが、追加でお好みのパンを単品で付けてみるのもいいでしょう。

さらに、裏ワザですが、スーパー（P126-127）などで果物やヨーグルトを買い、パン屋さんで焼きたてのパンを購入してきて（前日に購入しておくのも可）、部屋で朝ごはんを済ます方法もあります。気兼ねなく、好きなスタイルで食べることができる上に、経済的ですから節約の意味でも意外とアリですよ！

耳よりコラム

8月1日はブランチの日⁉

スイスの建国記念日は8月1日。この日は「農家でブランチ」をというのが近年のスイスのブームになりつつあります。農家で作られた自家製の野菜や果物、チーズなどの乳製品、じゃがいも料理など各農家が腕をふるったブランチメニューはどれも魅力的。この時季にスイスを旅行する人は要チェックと言えますね。

民泊、農園滞在など
ホテル以外の滞在システム

▶ ホリデーアパートとは？

　ホリデーアパートとは、一定の期間以上から借りられる旅行者用のアパートです。**ホリデーアパートの利点はベッド、タオルなどに加え、キッチン、食器、電子レンジ、洗濯機などがついている**ので、朝食やベッドメイキングの時間などを気にすることなく、気軽に、そしてマイペースにリラックスして滞在を楽しめるところにあります。また広々とした部屋にも関わらず、**ホテルよりも格安になる**点も大きな利点です。お年寄りや子連れのファミリー旅行にはうってつけ。途中で何度も洗濯ができるし、毎度レストランで食事をしなくても済むので経済的にも助かります。料理の材料をマーケットやスーパーに買いに行くという楽しみも増え、**まるでスイスに住んでいるかのような気分を味わえます**。また、ツェルマットなどの山岳リゾート地のホリデーアパートは、スイスの山小屋風の木造建築である"シャレー様式"の美しいアパートがほとんど！ スイスらしさを十二分に味わえるでしょう。

　言葉の問題でカギの受け渡しの約束が少々難しいと感じる方もいるかもしれません。そういう方にオススメなのはホテル内に設置されているアパートルームです。ホリデーアパートの貸し出しは１週間以上など、比較的長期滞在の利用からになりますが、ホテル内のアパートルームですと１泊以上からでも受け付けてくれるところもあります。

　ちなみに、**ホリデーアパート探しは、インターネットのホテル予**

約サイトやアプリなどで簡単にできます。また、Airbnbを代表とする民泊も若い世代では人気です。長期で家を空ける住人が旅行者などを対象にアパートや家を貸し出すというところから始まった民泊で、ごく一般の部屋や家をレンタルして宿泊するというシステムですが、トラブルの際は自分で対応せねばなりません。

▶ ファームステイで大自然を満喫

そして、**スイスならではの滞在の形と言えば、ファームステイ**です。スイスの農家は昔ならではの木造の大きな家が多く残っています。**その一角を旅行者に食事付きで寝泊まりさせてくれる**ところがたくさんあります！　スイスアルプスや湖に囲まれた雄大な大自然を満喫しながら地元の人や動物たちと触れ合えますし、牛や山羊の乳搾り、乗馬などが楽しめるところも。新鮮な乳製品や卵、野菜や果物、農家の奥さんが手作りするパンや食事を楽しみたい方には打ってつけ。農業大国ならではの、スイスらしい経験ができるとも言えるでしょう。おすすめは、ボーデン湖の畔にあるファームステイ式のホテル「ストローホテル・ボーデンゼー（Strohhotel Bodensee）」。湖が多いスイスならではの大自然の素晴らしい景観とファーム体験が待っています。きちんとしたベッドルームはもちろん、藁の上に寝袋で泊まるプランもあるので、"なんちゃってハイジ気分"を味わえますよ。

農家で作られたものを使用した新鮮な朝食ブッフェも美味
URL: https://www.strohhotelbodensee.ch

コラム

ドイツ風？ フランス風？ どちらがお好み？

スイスで食べたい パンあれこれ

その1

スイスはじつはパンがとっても美味しい国です。ドイツやフランスの影響を受けたパンが様々に混ざり合い、独自の「パン文化」が華開いています。在住者の目から見て、日本人の舌にも合う、おすすめのパンを紹介します！

ツォプフ
(Zopf)

ツォプフは三つ編みに編み込まれた見た目に華やかなパンです。卵、バター、ミルク、砂糖をたっぷりと使った贅沢な白パンとして、かつては日曜日や祝日のみに食べる物とされていました。現在は、その習慣はなくなり、どこのパン屋さんでもスーパーでも常に売られています。ベーコンやレーズンが入った物もとても美味。またイースターの時期にはヘーゼルナッツのペーストやクワークというフレッシュチーズを混ぜ込んだ甘いツォプフが出回ります。

ギプフェリとラウゲンギプフェリ
(Gipfeli & Laugengipfeli)

ギプフェリとはスイス風クロワッサンのこと。フランスの物よりもう少しさっくりした印象がありますが、作り方はフランスのもの同様でバターをたっぷりと折り込んだ生地をくるくると丸めて焼きます。パン屋さんではフランス風のものを「クロワッサン」という名で売っていて、ギプフェルより若干しっとりした食感です。また、焼く前に苛性ソーダ液につけて焼く赤茶色の香りのよいラウゲンギプフェリも人気です。

3章

交通を使いこなそう

スイスの鉄道は国内はもちろん 隣国へもアクセス抜群

▶ 快適かつ効率的な鉄道旅

スイスには、ローカル線、特急列車、観光用特急列車、登山列車、国際線など様々な列車が全国各地を走り抜けています。それらは**スイス連邦鉄道（以後国鉄）を主としながらも、山岳鉄道を含む私鉄から成り立っており**、これらの鉄道を上手に乗りこなすことで旅がより快適かつ効率的になります。

なかでも、**登山列車はスイスの鉄道の醍醐味の1つ**と言えるでしょう。ヨーロッパ最古の登山列車リギ鉄道（ルツェルン州）、世界一の急勾配の登山列車シュトースバーン（シュヴィーツ州）、スイス人の山への愛と誇りが完成させたユングフラウ鉄道（ベルン州）の驚異的なトンネルなど、乗り甲斐も見どころも満載！　これらの列車を上手に使って、スイス内外を楽しみましょう。

▶ 国内線も国際線もとても便利

国内線

スイス国内の鉄道は、**いたって清潔で時間にも比較的正確**です。国内の移動にはバスやレンタカー、タクシーなど他の選択肢もありますが、**鉄道がもっとも便利な交通ツール**と言えます。大都市間を結ぶIC（イーツェー／インターシティー）やICN（イーツェーエヌ／イーシーエヌ）のような特急列車から地方都市間を結ぶ急行・準急列車のIR（インターレギオ）・RE（レギオナルエクスプレス）、さらには各駅停車のS Bahn（エスバーン）・R（レギオ）・RER（エー

3章 交通を使いこなそう

ルウエール)などがあります。

また、**観光用特急列車が豊富なのも大きな特徴**。ベルニナ特急(Bernina Express)、氷河特急(Glacier Express)(P76-77)、ルツェルン-インターラーケン特急(Luzern-Interlaken Express)などスイスならではの絶景、例えば渓谷、アルプスの山々、田園風景、湖、ループトンネル、渓谷を渡す橋などを連続で楽しめます。

国際線

陸続きのスイスですから、隣り合わせの各国へも特急列車でスムーズにアクセスできます。ヨーロッパ都市間特急列車EC(ユーロシティー)は、チューリッヒ中央駅などからドイツのミュンヘンやミラノなどにアクセス可能です(以下の表参照)。

また、国際寝台列車の旅も見逃せません。ドイツやオーストリアはもちろん、チェコ、クロアチアなどにまで行くものも! 長旅ですが、寝ている間に目的地に着くので時間をセーブできるという利点があります。朝には朝食(等級により内容異なる)もつくので鉄道をしっかり楽しみたい方にはうってつけでしょう。いずれもスイス国鉄SBBのウェブサイトでチケットを購入できます。

スイスから他国への目安 ※いずれも最短

出発地	行き先	特急	所要時間
チューリッヒ	ミュンヘン(ドイツ)	EC(ユーロシティ)	3時間30分
	ミラノ(イタリア)		3時間40分
	ウィーン(オーストリア)		8時間
	パリ(フランス)	TGV(テージェーヴェー)	4時間
バーゼル	フランクフルト(ドイツ)	ICE(イーツェーエー)	3時間
	ストラスブール(フランス)	TER(テル)	1時間20分
ジュネーブ	リヨン(フランス)		2時間

日本と違う電車の乗り方
しかし、戸惑うことなかれ！

▶ スイス国鉄に乗る際の注意点

　スイス国鉄（正式名称はスイス連邦鉄道）はダイヤの乱れがほとんどなく、乗り継ぎなどもスムーズに行くように綿密に計画が立てられています。まさに時間をきちんと守る気真面目なスイス人の性格をよく表しているのです。

　基本的な乗車方法は、**窓口、券売機またはオンラインSBB.ch**で目的地までの切符を購入して乗るだけ。窓口は時に長い行列ができるので**オンライン購入がもっとも便利**と言えるでしょう。トラベル・パスやハーフ・フェア・トラベルカードを保持しない方は、オンラインから早割切符などの購入も可能です。

　切符を購入したらいざ乗車！ですが、**日本との大きな違いは改札口がありません**。掲示板に記されたホームに行き、目的の電車に乗るだけです。しかし車掌さんが車内をまわり検札に来るため、そこで無賃乗車や目的地までの**切符をきちんと購入していないと厳重な罰金が課されます**（無賃乗車1回目は正規運賃に加え90CHF、2回目は正規運賃+130CHF、3回目は正規運賃+160CHF）。なお、スイス・レイル・パスを持っている人は、パスポートもレイルパスと共に提示することを求められることがあるのでお忘れなく！

　列車への乗車の方法は、**扉の開閉が自動式と手動式（ボタンまたはレバー）**があります。ボタン式のドアーはグリーンが開けるボタンです。数は少なくなりましたがレバー式の場合は、上に持ち上げるタイプのもの、手前に引くタイプのものなどがあります。新しい

3章 交通を使いこなそう

列車はほとんどがボタン式でホームと列車の段差もありませんが、古い列車は手動式が多く、またホームとの段差も大きいので、足元には十分に注意しましょう。

車両に乗り込む際、2〜3段の階段がついているものが多いので荷物の多い場合は注意

▶ 便利なスマホアプリの使い方！

　SBBのスマホアプリは公共の交通にとても便利。**SBBの電車だけに限らず、トラムやバスの切符購入にも使えます**。電車の出発時刻、乗り換えホーム、時間、料金を調べられる上に、アプリ上に切符が保管されるため、スマホで切符を提示することも可能で便利です。**スイス・トラベル・パスやハーフ・フェア・カードも、購入はSBB.chになりますが、このアプリ上で提示できます**。ただし、スマホの充電切れや紛失などに備えて、印刷したものも事前に準備しておくと安心ですね。

❗ ここに注意！

席に座るときはひと声かけて！

車内で空席を見つけ、誰かが先に座っていたら空いていることが明らかだとしてもすでに座っている人に「この席は空いていますか？」と聞いてから座るようにしましょう。これはスイスの列車の基本マナーです。田舎に行くほどこの傾向が強いので、旅行者であるみなさんは"郷に入っては郷に従え"の精神で必ず聞くようにしましょう。

これなしで鉄道旅は語れない！
お得なスイスのレイルパス

▶ 鉄道旅はパスを使わないと高額に！

スイスの公共交通機関は驚くほどに高額です。そこで、**旅のスタイルや目的に応じて、便利でお得なパスや割引チケットを上手に利用することがカギ**と言えます。以下に紹介するパスやカードは、オンラインでの事前購入はもちろん、スイスに到着してから空港や主要な鉄道駅で購入可能です。外国語が苦手な人は日本語対応もしているスイス政府観光局からアクセスできるWEBサイト (Switzerland Travel Centre) から購入すると安心です。旅行代理店を通して購入すると割高になることがありますが、こちらのサイトは日本語対応されているのに**割高にならないのもうれしいところ！**　なお、**6〜16歳の子どもはパスを購入した親と同行すると料金は無料**になります。パスの購入時にSwiss Family Cardの申し込みをするだけなのでお忘れなく。

スイス・トラベル・パス (Swiss Travel Pass)

▶▶ 使用開始日から終了日まで連日で使用するタイプのパス。鉄道やバス、船など毎日みっちり使う方におすすめ。特典の一部としては、500以上の主要美術館および博物館が無料になったり、全国90都市の市内の交通およびフェリー、ブリエンツ湖やレマン湖などの遊覧船や**リギ山のヨーロッパ最古の登山列車、シュトースの世界一を誇る急勾配登山列車、スリル満点のスタンザーホルン山のオープンロープウェーなどの山岳交通も無料となる**のはうれしい。

3章 交通を使いこなそう

スイス・トラベル・パス・フレックス (Swiss Travel Pass Flex)

▶▶使用開始日に記入して使うパスだが、上記のトラベル・パスと違い、連日使用では無く、1か月の有効期間内であれば日を選んで使用可能。割高にはなるが自由度のある便利なパス。スイス・トラベル・パスと同様の特典が受けられる。

ハーフ・フェアー・トラベルカード (Half-Fair travelcard)

▶▶スイス国鉄、私鉄、トラム、バス、フェリーなどの交通機関が半額になるカード。有効期限が1ヶ月あるので、**長期滞在者でトラベル・パス・フレックスが必要なほど大きな移動をしない人には大変重宝するカード**です。特徴としては、ユングフラウ鉄道や多くの登山列車なども半額になる(スイス・トラベル・パスだとユングフラウ鉄道は25%割引になるだけ)。

主なパスの使用方法&価格一覧

	使用方法	価格(2等／1等)
スイス・トラベル・パス	オンライン購入の場合はEチケット(スマホ画面)が可能。窓口購入の場合は使用期間を伝え、有効期限がパスに記載される。乗車の際には車掌にパスを提示。	3日間→244CHF ／ 389CHF 4日間→295CHF ／ 469CHF 6日間→379CHF ／ 602CHF 8日間→419CHF ／ 665CHF 15日間→459CHF ／ 723CHF
スイス・トラベル・パス・フレックス	最初にパスを使う日の前に、オンライン上でパスを有効化させることが必要。使用予定日は変更可能(1日前まで)。乗車の際はチケット(アプリ内または印刷)を車掌に提示。	3日間→279CHF ／ 445CHF 4日間→339CHF ／ 539CHF 6日間→405CHF ／ 644CHF 8日間→439CHF ／ 697CHF 15日間→479CHF ／ 755CHF
ハーフ・フェアー・トラベルカード	カードに氏名、パスポート番号、パスポートと同じ署名を記入して発行・有効となるため、別の人がパスを使用することはできない。使用の際には車掌にパスを提示。	1か月→1等、2等ともに 120CHF

※氷河特急、ベルニナ特急などの観光列車のみ、別途座席指定券が必要。
※パスの確認の際、パスポートの提示を求められることがあるため、必ず携行すること

田舎を旅するのに欠かせない"ポストバス"

▶ "ポストバス"の歴史を知ろう

　主に山岳地方や田舎の町や村など、鉄道が行き届かない地域では、**ポストバス（Postbus）やポストアオト（Postauto）**という愛称のバスがスイス庶民に親しまれています。「ポスト＝郵便」というユニークな名前の由来は1900年代初頭、郵便配達用に馬車が使われていた時代にまで遡ります。様々な地域へ配達するついでとして、お客さんを乗せて走っていたそう。現在は郵便運搬車としても使用されていますが、**主に全国にある869路線を運行する交通機関専用バスとして運営**されています。

　ポストバスは、地域住民の重要な足になっているだけではなく、例えば山岳地方のサン・モリッツやクールがあるグラウビュンデン州、ツェマットでよく知られるヴァリス州などの**深い山間の隠れた名所や秘境地を観光しに行く旅行者たちの欠かせない交通機関**にもなっています。ポストバスからの眺めは、峠をこえる山間などを走り抜けることが多いために、鉄道から見える景色とはまた違った豪快で迫力満点の貴重な絶景が楽しめますよ。

黄色の車体が目印になるポストバス。雄大な自然の中を走りゆく

3章 交通を使いこなそう

▶ 象徴的な警笛もまた愛嬌あり！

ポストバスの**車体は黄色く、郵便局の象徴的なホルンのマーク**がついています。独特なポスト・ホルンの名残の警笛音でも有名で、スイスには子どもたちが好んで歌う「トゥータートー、ポストアオトー♪」というジングルのような節があるぐらいです。山のカーブがきついところでバス一台が通るのがやっとの場所や、道路が狭く車一台しか通れないような細い道などではその警笛を鳴らし、向かい側から来る車に知らせるのです。その音を聞きながらのバス旅もまた、いかにもスイスらしい体験となるでしょう。

乗り方はいたって簡単で、**SBBのアプリかバス停の券売機、またはバスの運転手さんに行き先を告げ、切符を購入**します。その際に、片道切符か往復切符かも告げましょう。なお、スイス・トラベル・パスを持っている方は切符の購入は不要で、乗車時に運転手さんに提示するだけで大丈夫！　ハーフ・フェアー・トラベルカードも有効なのでぜひ利用しましょう。

▶ 帰りのバスの時刻表をチェック

都会のバスと違い、**本数は1時間に1本や、もっと少ないような所も多々**あります。旅行のハイシーズンなどはバスの本数も増えますが、それでも**事前によく調べ、帰りのバスは到着時に時刻表をスマホで写真に残しておくかポストバスのサイト（http://www.postauto.ch）で時刻表をチェック**しましょう。「乗り過ごして帰る足がなくなってしまった！」なんてことがないようにくれぐれも気をつけてください。また、田舎のバスだと運転手さんは英語ができないことが多いため、紙とペンを用意しておくとよりスムーズにコミュニケーションが図れるでしょう。

都市部での市民の足
トラム（路面電車）と市バス

▶ すべての駅に止まるトラム

　トラムは**街中を走り抜けるので、観光の際にとても便利な交通機関**です。だいたいの観光スポット付近に停車するのがうれしいところ。とくに、チューリッヒでは数多くの路線があるので、利用しない手はありません！　チューリッヒ以外にもベルン、ジュネーブ、バーゼルでも街中をトラムが網羅しています。

　切符は事前に券売機かSBBのアプリで購入してから乗車します（トラム内では購入できないので注意）。運賃はゾーン制になっていて、券売機の横などにゾーンマップがあります。**目的地が何ゾーンになるのかをよく見て切符を購入**しましょう。トラムにたくさん乗る日には一日券（One day ticket）が便利でしょう。1～2駅のみの乗車の場合は短距離切符（Kurzstrecke /Short Distance）があるのでそちらをご利用ください。

　乗り方は簡単。トラムが来てドアが開いたら乗り込むだけ。**チケットを提示する必要はありません**。降りる際も、すべての停車駅に止まるため、バスのようにボタンを押して知らせる必要はありません。次の駅名が車内に設置された電光掲示板に出るため、そこ

街中を縦横無尽に走り抜けるトラム

58

3章 交通を使いこなそう

をチェックしておけばOK。ただし、乗り降りの際、自分でボタンを押してドアを開けなければならない場合もあることを覚えておきましょう。

▶ 市バスは降り忘れに注意！

ルツェルンやルガーノのようにトラムが走っていない街では市バスがとても便利です。チケットはバス停の券売機で購入する場合と、車内の券売機で購入する場合、または運転手から購入する場合とがあり、街により異なります。バス停に券売機がある場合はチケットを購入しておくとよいでしょう。市バスもトラム同様にゾーン制なので、目的地のゾーンをよくみて正しいチケットを買いましょう。**バスの場合、すべてのバス停には停車しません。**バス停の名称は車内放送および電光掲示板で知らされますから、**降車地の名前が放送（表示）されたらボタンを押して降りることを運転手に知らせます。**知らせ忘れるとそのまま通り過ぎてしまうことがあるので、目的地が近付いてきたら注意が必要です。

▶ 抜き打ち検札も！ 罰金について

トラムもバスも鉄道も罰金制度はすべて同じです。**チケット未購入者、または不携帯者、正しく運賃を払っていない者は正規運賃＋90CHF以上の罰金が課せられます。**トラムもバスも鉄道とは違い、ほとんどチケットを提示することはありませんが、**まれに検札官が突然乗り込んできて抜き打ちチェックをすることがある**のでチケットを必ず購入し、無くさないように携帯しておきましょう。

なお、スイス・トラベル・パスと、ハーフ・フェアー・トラベルカードはトラムにも市バスにも有効です！ 持っている人はぜひ利用しましょう。

世界でも有数の高価なタクシー ＆上級者向けのレンタカー

▶ 流しのタクシーはほとんどなし！

スイスでは、日本のように空車マークをつけて流しているタクシーを見かけることはほとんどありません。そのためタクシーを利用するには、**駅前などのタクシー乗り場か、タクシー会社に電話して予約をする**必要があります。悪徳なタクシー運転手はスイスにはあまりいませんが、距離制運賃ですので乗ったら**メーターが倒されたかを念のためにきちんと確認**してください。支払いはタクシーの中で降りる前に。チップは料金に含まれるので渡す必要はありません。またドアーの開閉は乗客自らがします。降りた際もきちんと閉めましょう。

注意点としては、スイスのタクシーは世界でも有数の高い乗車料金ということを理解の上で利用してください。

都市別タクシー料金表

都市	初乗り料金	CHF/1km	待ち料金/1h
チューリッヒ	8CHF	5CHF	80CHF
ベルン	6.80CHF	4.10CHF	78CHF
バーゼル	6.50CHF	3.80CHF	70CHF
ルツェルン	6.60CHF	4CHF	72CHF
ジュネーブ	6.30CHF	3.20CHF	60CHF
ローザンヌ	6.20CHF	3CHF	54CHF

※割増料金あり(日曜、終日、深夜、乗客が4人以上の場合など)　※※荷物1つにつき1CHF程度

3章 交通を使いこなそう

▶ レンタカーはルールを守って

スイスのレンタカーサービスは充実しており、全国各地でレンタルが可能です。もちろん空港からもOK！ 出発地と返却地が異なる乗り捨てサービスもほとんどのレンタカー会社で可能です。

近年はインターネットの普及により日本語で予約が簡単に出来ます。出発前にゆっくりと自分にあったサービスや車のタイプを選びましょう。レンタル料は1日約40〜300CHFとかなり幅があるので予算と人数、大きさを考慮する必要があります。

レンタカーを運転する上で、スイスの道路事情に関して少し知っておきましょう。**1）走行は右側通行、2）十字路には信号機はほとんど無くラウンドアバウト方式、3）右側優先、歩行者が100%優先、4）横断歩道に人がいれば必ず停止すること。**この4つが日本とは大きく異なる点です。

また高速道路では80km以上120km以下での走行が義務づけられています。その他の制限があるところは日本と同様に標識が出ているのでそれに従いましょう。ちなみに、高速料金に関しては制度が日本と全く異なり、**年間40CHFでステッカーを買い、それを車に貼り付けておけば高速道路は乗り放題**。レンタカーにはその高速ステッカーがすでについているので何度でも高速道路に乗れるのはかなりお得感があってうれしいところです。

また、**「mobilityEasy」というかなり格安なカーシェアリング**もあります。主要鉄道駅には必ずあり、アプリをダウンロードし登録して予約→アプリのBluetoothでアンロックし乗車できるという内容。返却は同じ場所にして、乗車時と同じくアプリのBluetoothでロックするだけ。便利ですが、トラブルが発生したときに異国で対応ができるかのリスクを考えた上で利用することになります。

> コラム

ドイツ風？ フランス風？ どちらがお好み？

スイスで食べたい パンあれこれ

その2

スイスはじつはパンがとっても美味しい国です。ドイツやフランスの影響を受けたパンが様々に混ざり合い、独自の「パン文化」が華開いています。在住者の目から見て、日本人の舌にも合う、おすすめのパンを紹介します！

ロッゲンブロート（Roggenbrot）

ロッゲンブロートはドッシリとしたライ麦パンのこと。ライ麦はどんな土壌でも比較的よく育つので昔は貧困家庭の食べ物でした。ライ麦粉にはパンを膨らませるグルテンがないのでライ麦粉の割合が高いほど弾力も低くなり、色も黒くなります。焼くと表面にヒビが入るのもそのせいです。食べ方は5mm～1cm程度の薄さに切ってチーズやサラミなどを乗せて食べるのが一般的です。ちなみに、ハイジの黒パンはライ麦パンを指しています。

ヌスシュタンゲとヴァニルシュタンゲ（Nussstange&Vanillestange）

スイスで定番の菓子パンと言えば、ヌスシュタンゲ（ヘーゼルナッツパイ）とヴァニルシュタンゲ（カスタードクリームパイ）です。バターたっぷりのパイ生地にシナモンを効かせたヘーゼルナッツのフィリングと、バニラの香りがたっぷりするカスタードクリームをくるりと細長く巻いたパイです。「シュタンゲ」とはドイツ語で竿の事。その細長い形からヌスシュタンゲ、バニルシュタンゲと名付けられました。

4章

雄大な自然を満喫するには

コツ 24 SWISS
ユングフラウの足掛かりとして外せない街・インターラーケン

▶ 湖に囲まれた美しい街

ブリエンツ湖とトゥーン湖に挟まれているため、"湖の間"という意味を持つインターラーケン（Interlaken）は、ユングフラウヨッホに向かう**観光客の中継地点として人気**のあるスポット。世界中から多くの観光客がやってきて、**アルプスの大パノラマを堪能できるベルナーオーバーラント地方の自然散策の拠点**となります。

スイス国鉄を使用すればチューリッヒからはベルンを経由して約2時間弱、ベルンからは約1時間と各都市からのアクセスも非常に簡単です。ちなみに、ルツェルンからインターラーケン・オスト駅までの区間を、ツェントラルバーン社（Zentralbahn）の観光用特急列車「ルツェルン↔インターラーケン特急」が運行しています。趣きのある古都ルツェルンを出発し、壮観な湖沿いをいくつも通過しながら、徐々にベルナーオーバーラントの山岳エリアに入っていく景色は圧巻です。

▶ ユングフラウを堪能する公園＆展望台

このエリアの観光拠点となるインターラーケンの街だけに、ホテルやお土産屋さんやカフェ、レストランが充実しています。外せないスポットとしては、**インターラーケンの街並みを見下ろせる標高1322mの展望台である「ハーダークルム（Harder Kulm）」**。ユングフラウはもちろん、天気がよければアイガーまで望むことができます。街中からケーブルカーでわずか10分ほどで素晴らしい景色を

堪能するスポットに到着できます。

また、**街の中心にある芝生の美しい公園「ヘーエマッテ(Höhematte)」ではユングフラウの全貌が美しく眺められ**、天気がよいとパラグライダーの人たちの到着地点として賑わいます。サンドイッチやおやつを買って、ここでピクニックをするととても気持ちがよいのでおすすめです。

▶ レトロな蒸気機関車に乗ろう

インターラーケンから**ほんの少し足を延ばして楽しめるスポットとしておすすめしたいのが、「ブリエンツァー・ロートホルン(Brienzer Rothorn)」**。この山の魅力は、現役で走る唯一の蒸気機関登山列車Brienz Rothorn Bahnで、ガタゴトと煙を吐きながらのんびり登ること約1時間で頂上に到着します。インターラーケンからのアクセスも、電車でブリエンツまで約30分、そこからこの機関車に乗るだけ。車窓から見える美しいブリエンツ湖とアルプスの山々はなんとも形容しがたい美しい風景です(2024年現在工事中だが、2025年6月に全線開通予定)。

また、インターラーケン地域では様々なスポーツアクティビティが用意されています。パラグライダーやハンググライダー、リバーラフティングなど、旅の思い出に雄大な自然を満喫できるものに挑戦してみるのもいいですね！

がっちりとした蒸気機関車の風貌がレトロな雰囲気のブリエンツァー・ロートホルン鉄道

ココ抜きにスイスは語れない！
標高3454mのユングフラウヨッホ

▶ 長いトンネルを抜けた先には絶景！

　スイス初の世界遺産であり、スイスが誇る観光名所の1つであるユングフラウヨッホ (Jungfraujoch)。3454mの高みにそびえる展望台に、**ヨーロッパでもっとも標高の高い駅「トップ・オブ・ヨーロッパ」**があります。この場所へと私たちを運んでくれるのが**ユングフラウ鉄道 (Jungfraubahn)**。インターラーケン・オスト駅からグリンデルヴァルト経由か、ラウターブルンネン経由でクライネ・シャイデック駅に向かい（所要時間1時間40分ほど）、そこでユングフラウ鉄道に乗り換えます。ここから長いトンネルを抜ければ、ユングフラウヨッホのトップ・オブ・ヨーロッパに到着です。

　ちなみに、ユングフラウヨッホに到着する前に停車する**アイガーヴァント (Eigerwand) 駅ではぜひ下車をしてアイガー北壁を見てみましょう**。この鉄道を開通させることがどれだけ厳しいものであったかが少しでも想像できるはずです。ユングフラウ鉄道を建設するにあたり、いきり立つ4000m級の高山、アイガー (Eiger) とメンヒ (Mönch) の両山中にトンネルを掘る必要がありました。しかも今のような技術は一切ない

アイガーとメンヒの山中を貫くトンネル。ここにスイス人の技術と努力が詰まっている

約100年も前のこと。ちなみに、アウトドアブランドとして名高い『The North Face』の名前の由来はアイガー北壁にちなんでいます。堂々といきり立つアイガーの北壁への敬意と憧れからつけられた名前なのです。

▶ 展望台はもちろん、氷の宮殿も必見！

トップ・オブ・ヨーロッパ駅に到着したらまず**スフィンクス展望台(Sphinx Observatorium)へ行きましょう！** 天気がよければ**ベルナーオーバーラント地方の山々が織りなす最高のパノラミックビュー**が広がります。下にはアルプス山脈最大の圧倒的な氷河、アレッチ氷河(Aletschgletscher)も見えます。

絶景を堪能した後は、**氷河の中を削って作られた氷の宮殿 (Ice Palace) へ**。何万年、何千年と溶けずにあり続ける氷を思うと時空を旅しているかのような不思議な気持ちになります。そして、最後は**一年中楽しめる雪原のプラトー (Plateau) へ**。万年雪の雪原をぜひ歩いて贅沢な思い出を作りましょう。

▶ ツウならではの楽しみ方

ユングフラウヨッホへのアクセスを**行きと帰りでルートを変えてみると、様々な車窓を楽しめてより一層、登山鉄道の旅に彩りが加わる**でしょう。時間に余裕があれば、欲張ってグリンデルヴァルト(Grindelwald)やラウターブルンネン(Lauterbrunnen)に立ち寄ってみるのも◎。おすすめはグリンデルヴァルトを帰りの経由地点にしてグリンデルヴァルトの町を観光することです。ここは大きな山間にある町で独特な雰囲気を醸し出しています。たった今登って降りてきたばかりのユングフラウを見上げながらカフェで休憩するのもいいでしょう。

マッターホルンを望む
小さな町・ツェルマット

▶ アルプス観光の中心となる町

　ツェルマット（Zermatt）はスイスの南部、イタリア国境近くの小さな町。4000m級の山々に囲まれた山奥に位置しているためアクセスも大変そうに思えますが、**意外やチューリッヒやベルン、ジュネーブなど都市部から簡単にアクセス可能**です（所要時間は約2時間半〜3時間半）。主要都市のほとんど全てからツェルマット行きの**「マッターホルン・ゴッタルド鉄道（Matterhorn Gotthard Bahn）」が通るフィスプ（Visp）へ直通ラインがある**のがうれしいところ。フィスプ駅からは約1時間ほどで到着します。

▶ 雄大なマッターホルンを臨む展望台

　ツェルマットには見どころが多くあります。まず、**「ゴルナーグラート（Gornergrat）」はツェルマットで外せない展望台**です。ツェルマットから登山鉄道のゴルナーグラート鉄道で、そびえ立つマッターホルンを右手に見ながら33分間で標高3089mまでの急勾配を登って行きます。**頂上の展望台からは数え切れないほどの名峰がぐるりとそびえ立つ、360度の大パノラマのパワフルな景色を堪能**できます。頂上には3100・クルムホテル・ゴルナーグラート（3100 Kulmhotel Gornergrat）が

©Gornergrat Bahn

4章 雄大な自然を満喫するには

あるので、宿泊して夕方と朝方の黄金色に染まる神々しいマッターホルンの景色を拝むのもおすすめです（その他の展望台についてはP70-71）。

▶ 逆さマッターホルンが見えるリッフェル湖

　一歩上を行くマッターホルンの楽しみ方をここでは紹介しましょう。マッターホルンへの登頂を目指す**登山家たちの玄関口、ヘルンリヒュッテ（Hörnlihütte）までトレッキング**をしてみませんか？ シュヴァルツゼーのケーブルカー駅（標高2583m）からヘルンリヒュッテ（標高3260m）までを歩くコースです。その道程は約2時間。大迫力な角度でマッターホルンを楽しむことができる最高のコースです。

　また、**湖面にマッターホルンが写り込む"逆さマッターホルン"が見られることで、とても人気があるリッフェル湖（Riffelsee）**もおすすめ。ゴルナーグラート鉄道のローテンボーデン駅から歩くのが最短ですが、ゴルナーグラートから歩いてハイキングしながらリッフェル湖まで降りて来てみてはいかが？　ただし、冬場は残念ながら凍ってしまう上、雪に覆われてしまうので何も見えません。

耳よりコラム

夏場の風物詩"ヤギの行進"

ツェルマットでは6〜8月になると1日2回、朝9時ごろと夕方17時ごろにヤギの群れとヤギ使いの少年がツェルマットの目ぬき通り、バーンホーフ通り（Bahnhofstrasse）を行進します。このヤギの行進はガイセンケアー（Geissenkehr）というもので、観光客へのアトラクションでもなんでもなく、農家の夏の日常なのです。

> コラム

ツェルマット周辺の
絶景おすすめスポット4選

Sunnegga

スネガ

　ツェルマット駅から5分ほど歩いたところのケーブルカー乗り場から、ケーブルカーでたった3分ほどで到着する標高2288mの展望台。目の前にはマッターホルンがどーんと待ち構えています。初心者でも気軽に歩けるハイキングコースになっているので、帰りは自分の足で下山してみるのもいいでしょう。

ロートホルン

　標高3103mのロートホルン展望台へは、スネガ経由でロートホルン行きのロープウェーに乗り継いで上に登ることができます。マッターホルンを始め、壮大な山々の峰が連なるピークコレクション（Peak Collection）、フィンデル氷河（Findelgletscher）などを楽しむことができます。

©Michael Portmann
Rothorn

ツェルマット周辺の展望台でもっともポピュラーなのはゴルナーグラートですが、このエリアにはそれ以外にも絶景が楽しめる展望台や穴場スポットがあるのです！

マッターホルン・グレッシャー・パラダイス

ヨーロッパでもっとも高く、富士山よりも高い3883mにある展望台だけに、夏場でも万年雪が広がっています。この展望台からはヨーロッパ屈指の名峰、フランスのモンブラン (Mont Blanc) やイタリアのグラン・パラディーゾ (Gran Paradiso) がすぐそこに見えています。また氷河15mの中に作られた氷河パラダイス (Glacier Paradise) も必見！

シュヴァルツゼー

ツェルマットからロープウェイでFuri (フリ) 乗り継ぎで18分、ドイツ語で「黒い湖」という意味の展望台。標高2583mにあり、その名の通り、深い色をした湖があります。ここはマッターホルンが差し迫るくらい近くで見られる迫力満点のスポット！ 憧れのマッターホルンがこんなに近くで見られるなんてとても感動的な体験ができます。

山登りは死の危険も あるからこそ最大の注意を

▶ 異国での山登りの注意点

　スイスにはプロが挑む4000m級の山だけでなく、初心者でも気軽に山歩きを楽しめるコースが充実しています。**しかし、簡単なハイキングだとしても、異国の地での山登りには様々な注意点があります**。山登りに慣れた人も過信は禁物です。

体調は万全に ▶▶ 日頃、標高の高いところで生活をしていない人は高山病にかかることも少なくありません。前日の予定はハードにせず、早めの就寝をして体調は万全に。

水分補給は十分に ▶▶ 日常生活であまり水分をとらなくても、山登りではこまめな水分補給が必須となります。必ずペットボトルなどの水を持参しましょう。

無理はしない ▶▶ 名峰を目の前にすると、「せっかく来たのだから」といつもより無理をしてしまうことも。少しでも異変を感じたら、無理をせず登山を諦める勇気も大切です。

ガイドに従う ▶▶ ハイキングやトレッキングをしている時は、添乗員やツアーガイドさんに従い、勝手な行動を取らないこと。コースを外れた場所を歩いたり、危ない場所で写真撮影をするといった行動は事故にもつながり、ときには命を落とすこともあります。

▶ 服装は"暑ければ脱ぎ、寒ければ着る！"

　山への服装は重ね着が基本。季節に限らず、天候によってまるで違う気温にもなりかねないので、しっかり準備をしておく必要があ

4章 雄大な自然を満喫するには

ります。標高3000m以上の山の上と下では気温に大きく差があることがほとんど。冬物のジャケット、セーター、手袋、帽子はリュックサックの中に用意しておきましょう。その他、日本から持参しておくべきなのが、**履き慣れた靴（スニーカーやトレッキングシューズ）、発熱できる肌着や日よけ対策の帽子、日焼け止め、サングラス、ステッキ**などに加え、スマートフォンで写真を撮る方は携帯用バッテリーを持っていると安心。**折りたたみにできるウィンドブレーカーも雨合羽にもなりますし、持っておくと便利です。**

なお、これらの服や物をスイスの観光地で買おうものなら、ただでさえ物価の高い国ですから大変な値段になってしまいます。しかもスイス人は大柄なので、小柄な日本人は下手をすれば子どもサイズを買う羽目に。時間ももったいないので現地での調達はなるべく避けたほうが無難です。

▶ 天気などはネットやSNSで事前にチェック

山の天気は非常に変わりやすいです。下は晴れているのに山の上に行ってみたら霧がたちこめていて視界がゼロ、または吹雪いていたなんてことも。それが**3000m以上の高い山であればあるほど天候は山の下とは全く違います**。天候によっては、山の上へのアクセス手段のロープウェーやケーブルカー、リフト、登山鉄道が運行を休止する場合も……。**当日の天候は観光局のホームページで記載していることがほとんど**な上、ライブビデオ動画が見られるSNSやアプリもあるので事前にチェックしましょう。

山登りに関しては事前の準備が非常に大切！ 寒さ対策は万全に！

スイス人は山をこう楽しむ
"山登りBBQ"のススメ

▶ 山のあちこちに無料のグリル台

　スイス人はとにかくBBQ好き。それを象徴するかのように、**スイスの山には随所に休憩所があり、そこにはたいていグリル台やテーブル、椅子なども設置されています。**グリル台には親切に薪まで置いてあるところも多くあります。そのくらい**"山登りBBQ"はスイス人にとって当たり前**のことなのです。

　ちなみに、グリル台は山だけではなく、**公園や森の中、子どもの遊び場などにも設置**されていることがほとんど。澄んだ空気の中で美しい景色を見下ろしながらのBBQは格別！　旅の思い出にBBQをしてみてはいかが？

スイス流BBQの定番セルベラ

▶ スイス人流の楽しみ方

　スイス人の山登りBBQには様々な楽しみ方がありますが、散歩がてらに子連れや友だち同士で2～3時間歩く程度のピクニック派の山登りBBQの一例を紹介しましょう。

　のんびりとロープウェーやケーブルカーで登山し、1～3時間コースぐらいの短めなハイキングコースを歩きます。ランチタイムになると山に設置してあるグリル台を利用して、**持参したソーセージや野菜を焼き、パン、スナック、飲み物などとともにゆったりと**

山の上でランチを楽しみます。ちなみに、**スイスのスーパーにはBBQにぴったりのフード類も充実**しています。

▶ 旅行者が楽しむならこう！

旅行者でももちろん気軽に山の上でBBQを楽しめます。**登山前にスーパーで好みのソーセージやパンなどを買い込んでリュックサックに詰め込むだけでOK**。紙皿や使い捨ての箸やカトラリー類、ウェットティッシュなどもお忘れなく！

グリル台の使用方法ですが、シェアして使うスタイルなので**網の脇が空いていれば、具材をどんどん乗せて大丈夫！** スイス人は礼儀正しい性質なので、一応ひと声かけるとより気持ちよく、スイス人との交流も出来てベターです。山でなくてもホテル近辺の森の中でグリル台を見つけてBBQするのも楽しいですよ。最後に注意点として、山で出たゴミは持ち帰るのがマナーです。きちんとゴミ袋を用意してしっかりと山の下まで持ち帰るようにしましょう。

BBQの持参品の例

ソーセージやパンなどメイン食材	セルベラ（Cervelat）というスイス産ソーセージがおすすめ。上下を十字にアーミーナイフで切って焼く（P74写真参照）。
使い捨てのお皿、フォーク、ナイフ	箸を日本から持参すると便利
マッチまたはライター、新聞紙	新聞紙はホテルでもらうとよい
果物やサラダ、スナック類	お好みで。なくても可
飲み物	麦茶パックなどを日本から持参すると便利
アーミーナイフ	スイス人の必需品。あると便利。ただし、飛行機にのるときは預け荷物に入れること

雄大な景色が堪能できる「観光特急列車」あれこれ

▶ 車窓の景色が素晴らしい二大列車

スイスの旅の醍醐味と言えば、雄大な自然を車窓から堪能しつつ、鉄道で旅することと言えるでしょう。ここでは**自然の景観を楽しみながら優雅な旅ができる、スイスが誇る二大鉄道**を紹介します。

ⓐGlacier Express

まず、なんと言っても**「氷河特急（Glacier Express）」**。マッターホルン・ゴッタルド鉄道（MGB）とレーティッシュ鉄道（RnB）の両路線を進む、**高級山岳リゾート地のサン・モリッツとマッターホルンで有名なツェルマットを結ぶ観光特化型特急列車**です。春の新緑や菜の花の黄色が眩しい田園風景、谷底深いスリル満点の渓谷、新緑で覆われた山や森、永遠と真っ白にそまる雪景色などどれも感動的な景色ばかり。特急列車とは言え、**平均時速はなんと約34km**。**「世界一遅い特急列車」**という愛称もあるほどで全行程は8時間と長いので、好みの区間を選んで乗車するのもいいでしょう。

そして、**「ベルニナ特急（Bernina Express）」**も負けてはいません。レーティッシュ鉄道が運営する、高級山岳リゾート地で有名な**サン・モリッツとイタリアのティラーノを結ぶベルニナ線をメインルートとした観光特化型特急列車**です。1800mもの高低差を走行しながら見えるベルニナ山群アルプスなど絶え間無く続く素晴らし

4章 雄大な自然を満喫するには

い景観が見どころのベルニナ線、またはサン・モリッツからトゥージスまでの行程を高さ65mのラントヴァッサー橋（石橋）や5つのループトンネル、アルブラ峠など、起伏に富んだ絶景が埋め尽くす

アルブラ線の2つの路線が人気となっています。

▶ 人気のため、早めの予約がマスト

　氷河特急もベルニナ特急も座席指定制です。**乗車運賃に加え、座席指定料がかかります**。スイス・トラベル・パスおよび、スイス・トラベル・パス・フレックスを持っている場合もパスに加え、座席指定券の購入が必要となります。世界中の観光客の憧れでもあり、非常に人気がある鉄道なので早めの予約をおすすめします。ただし、パノラマ車両ではなく、普通車を乗り継ぎとして利用するだけの場合は追加料金不要です。

　また、レーティッシュ鉄道が運営する、イタリアのティラーノからスイスのルガーノまでを結ぶ、ベルニナ特急と**同じボディーの色をした真っ赤なベルニナ特急バス**があります。こちらもコモ湖を通るルートで綺麗な景色を楽しめる利用価値の高い便利なバスです。

耳よりコラム

座席を予約するならここがねらい目！

氷河特急の座席には1等パノラマ席と2等パノラマ席、2等普通席があり、ベルニナ特急座席は1等パノラマ席と2等パノラマ席のみとなっています。いずれの場合も2名で利用する場合は、テーブルを挟んで向かい合わせの2人席（1等のみ）か2等席の窓側席の向かい合わせが◎。座席を確約してくれない会社に申し込むと席がバラバラになる可能性もあるので注意。

🌲 コラム

＼ローカルに人気の穴場スポット！／
スイス各地の山＆谷

ルツェルン

Rigi

リギ

　標高1797mのリギ山は、スイスのアルプスに位置し、ルツェルン湖、ラウエルツ湖、ツーク湖に囲われています。スイスアルプスとこの3つの湖を同時に見られる稀な美しい山としてスイス人に愛されています。1871年開業のヨーロッパ最古の登山列車である「リギ鉄道」や豊富なハイキングコースなど、魅力的なこの山には楽しむポイントがいくつもあります。

クレーヴェンアルプ

ニトヴァルデン

Klewenalp

　クレーヴェンアルプ山は、スイス中央部にある穏やかな山で、冬はスキー場として、夏はハイキングの場としてスイス人に人気。ロープウェーの出発地点ベッケンリートまでは、ルツェルン中央駅前の船乗り場から出ている伝統的な蒸気船に乗ってゆったり行くルートが大変おすすめです！

名峰が多く揃うスイスですが、あまり知られていない山や谷にも素敵な場所がたくさん！ ここでは著者が自信を持ってみなさんにオススメできる隠れた穴場スポットを紹介します。

ベルナーオーバーラント

Niesen

ニーゼン

　ニーゼン山は、ベルン州のトゥーン湖南部に立つピラミッドのようにきれいな三角形をした山。登頂する交通手段はケーブルカー。このニーゼンのケーブルカーの創設は1910年。約110年もの歴史ある ケーブルカーはとても可愛らしく魅力的な車体をしていて、急勾配を登りながらベルナーオーバーラントの名峰の数々が眺められます。

ブレガリア谷

　最後は谷から山を見る穴場紹介。グラウビュンデン州にあるブレガリア谷はこの地方独特のザクザクした山頂が連なるシオラ連峰などに囲まれています。自然豊かな村々のなかでも、スタンパという村にはスイス人彫刻家のジャコメッティの家とアトリエがあり、大自然の織りなす素晴しいアートそのものの景観が楽しめます。

エンガディン

Val Bregaglia

ロープウェーにケーブルカー 高いところをラクに楽しむ

▶ スイスの先進的な3つのロープウェー

　鉄道が発達しているスイスですが、**ロープウェーやケーブルカーも登山客や物資運搬の欠かせない交通手段**です。スイスの全国各地にはなんと約1800ものロープウェーやケーブルカーが存在しています。

世界初のオープンデッキ付きロープウェー

　世界初の**オープンデッキ付き「シュタンザーホルン・ロープウェー (Stanserhorn -Bahn)」**は、中央スイス、ニトヴァルデン準州のシュタンス (Stans) というルツェルン湖南部の町にあります。標高1898mのこの山を一躍、人気にしたのが世界初の展望台付きロープウェーなのです。ちなみに、このロープウェー乗り場に行き着くまでには100年の歴史を持つ可愛い木造のケーブルカーに乗るのですが、それもまた観光客のアトラクションの1つになっています。

外の空気を感じながら絶景を楽しめる

世界初の回転式ロープウェーで360度のパノラマビューを！

　中央スイス、オプヴァルデン準州、ニトヴァルデン準州そしてベルン州にまたがる標高3238mのティトリス山 (Titlis) には世界で初めて作られた**回転式のユニークなロープウェー**があります。出発

4章 雄大な自然を満喫するには

地点はルツェルンから列車に乗ること約40分でアクセスできるエンゲルベルク (Engelberg)。まず6人乗りのロープウェーでシュタント (Stand) へ。シュタントからいよいよ回転ロープウェーに乗り継ぎます。乗車時間は5分弱と短いですが、360度のパノラミックビューを堪能するには充分の長さです。

迫力あるアイガー北壁をロープウェイから眺める

2019年12月に新たに登場した「アイガー・エクスプレス」。グリンデルヴァルド・グルンドからたった15分でユングフラウ鉄道の中間駅アイガーグレッチャーまで運んでくれます。このケーブルカーから眺めるアイガー北壁は迫力！

©Jungfraubahnen

▶ 世界一の称号を持つケーブルカー

スイスのケーブルカーには数分程度のものから30分もの長いもの、緩やかな傾斜を登るものから超急勾配を登るものまでじつに様々。なかでも、2017年、**世界一の急勾配になったケーブルカー**は、スイス中央部、シュヴィーツ州のシュトース山 (Stoos／標高1305m) にあります。**100m進むごとに高さ110mを登るケーブルカー**で、標高744mのシュヴィーツからシュトースへまでわずか4分間で最大136名をのせてパワフルに進みます。車両のデザインが大変ユニークで、ドラム型をした車両が4つ並んでおり、それぞれのドラム型車両は傾斜がかかると回転して水平が保たれるような構造になっているのです。アクセスはルツェルン中央駅よりシュヴィーツ (Schwyz) に出て、バスNFB1に乗り換えてシュヴィーツ・シュトースバーン (Schwyz Stoosbahn) へ。所要時間は約1時間10分。足を運んでみる価値はありますよ！

スキー大国スイスで オススメのスキー場とは？

▶ 山が多いからスキー場も多い

　スイスには数えきれないほどのスキー場があります。2月には「スポーツ休暇」と名のつく2週間前後の休暇（州により異なる）があり、その目的は「スキーを家族や友人らと楽しんでください！」と設定された休暇なのです。**スイスは国をあげてウィンタースポーツを推奨している**のがうかがわれますね。各国のスキー選手たちの多くはスイスでトレーニングを積むぐらいですから山も雪もよいのです。また、イギリスの上流階級のファミリーはスイスへスキー休暇に行くのがステータスというのを聞いたことがあります。そんな世界のセレブにも愛されるスイスのスキー場ですから、レンタルショップも充実しています。よほど小さな村のスキー場でなければ近辺に店があり、スキー板やブーツはもちろん、スノボグッズ、ソリに至るまで借りるこ

世界中からスキーヤーが集まるスイスのスキー場

とができます。ただし、**スキーウェアや手袋、ゴーグルなどは日本から持参する方がベター。**事前にオンラインで予約もできますが、現地で実物を見た方が安心という場合は、ホテルのフロントにレンタル店の場所を聞いてみましょう。

■ 4章 雄大な自然を満喫するには

▶ スイス各地で人気のスキー場

おすすめしたい、スイスの有名スキー場をいくつか挙げてみましょう。なお、**近年の地球温暖化の影響で、残念ながら毎年雪が少なくなっています**。ここで紹介しているスキー場は通常問題ありませんが、念のために積雪量など事前にチェックして下さい。

● ダヴォス（Davos）

グラウビュンデン州のダヴォスはスイスのスキーのメッカです。積雪量も多く、雪質もよく、広大なスキー場は、長期でスキー休暇を楽しみに来るファミリー、若年層のスノーボーダー、近隣諸国のスキー客も大勢集まります。夜は、スキー客が楽しめるようにダヴォスの村各地でパーティーが開かれることでも有名。

● サン・モリッツ（St.Moritz）

サン・モリッツはグラウビュンデン州にあるスイス随一の高級リゾート地。英国ロイヤルファミリーのチャールズ国王は毎年冬になるとサン・モリッツのクロースタース（Klosters）というスキーリゾート地へスキー休暇に来ていたため、現在も英国人が多くサン・モリッツにやって来ます。

● サース・フェー（Saas-Fee）

ヴァレー州にあるサース・フェーは、イタリア国境が目と鼻の先にあるスノーボードのメッカ。通年ウィンタースポーツを楽しめるのが魅力です。スキー場としてだけでなく、世界最高の標高地点にある回転式レストラン「Drehrestaurant Allalin（ドレーレストラン・アリラン）」と、下からレストランへとつなぐ世界最高地を行く地下鉄「Metro Alpin（メトロ・アルペン）」も有名です。

83

湖の国でもあるスイス
遊覧船でのんびりクルーズも◎

▶ 湖畔の街はどこも美しい

スイスの自然の魅力は山だけではありません！ スイスには大小さまざまな湖があり、湖があることによって栄えてきた、魅力いっぱいの湖畔の街もたくさんあるのです。

レマン湖（Lac Léman）

スイスのフランス語圏とフランスにまたがる**スイス最大の湖「レマン湖」**は、氷河期にアルプスのローヌ氷河から流れ込んでできました。レマン湖沿いには素敵な街やワインの産地が多くあります。例えば、フランスの近くにあるのが**国際都市「ジュネーブ (Genève ／ P94)」**、カジノで知られた**高級リゾート地「モントルー (Montreux ／ P95)」**、ローマ時代から続く歴史あるワイン畑とユラ山脈の景観が素晴らしい**世界遺産指定地区「ラヴォー（Lavaux）」**、近郊にチャールズ・チャップリンが晩年を過ごした場所があることでも知られており、**ワインの産地としても有名な「ヴヴェイ (Vevey)」**など、世界でもよく知られた街が集結するレマン湖は美しい景観が魅力の湖です。

ブリエンツ湖とトゥーン湖（Brienzersee & Thunersee）

ブリエンツ湖とトゥーン湖は、**インターラーケンを挟んだ両側に**

4章 雄大な自然を満喫するには

あるアルプスの氷河が流れてできた湖です。湖面が少し高いブリエンツ湖の水は、アーレ運河を通ってトゥーン湖に流れ込みます。ベルナーアルプの山々に囲われたこの2つの湖畔には村が点在しており、山岳地方独特の家屋シャレーなど、**のんびりとした景観を堪能できる**でしょう。その牧歌的な雰囲気に加え壮大な三代名峰、アイガー、メンヒ、ユングフラウが背後にそびえています。ブリエンツ湖クルーズは、美しい滝が見えるギースバッハや、蒸気登山列車(P65)で知られるロートホルン山やブリエンツの村など、トゥーン湖クルーズは旧市街が美しいトゥーンの街、アベトゥス洞窟、シュピーツ城のある可愛らしいシュピーツの村などに停泊しながらゆったりと進んで行きます。

ルツェルン湖 (Luzernersee)

スイス中央部の4つの州にまたがるとても複雑な形をした湖。このルツェルン湖畔には多くの魅力的な町が広がり、なかでもリギ山(P78)へロープウェーが出ている湖畔リゾート地「ヴェッギス(Weggis)」や、ヨーロッパ初の登山列車リギ鉄道が発着する「フィッツナウ(Vitznau)」などが有名です。リギ山やビュルゲンシュトック山へのエクスカーションに船を交通手段として使うのはもちろんアリですが、山々の連なる美しい景色とともにルツェルン湖を遊覧船で周遊するのもおすすめ。

コラム

ここがユニーク！

日本人から見た スイス人考察 その2

〜パーティーではフォークダンスが基本〜

　スイス人はパーティー＆音楽＆ダンスが大好きな国民だと知っていましたか？　スイス人は音楽がかかるとすぐに踊り出します。では、どのような音楽を聴いて踊るのか、それはドイツ、オーストリア、スイス共通のシュラーガーという歌謡曲やアコーディオンの音が鳴り響くフォークミュージックが基本です！　もちろん、10〜20代の若い子たちは流行りのアメリカやイギリス、ドイツなどの音楽を好む傾向にありますが、老若男女が集まるパーティーでの基本はフォークになるのです。食事が終わると段々と人々は踊り始めます。そのダンスは必ずと言っていいほど二人一組で踊る、日本人から見るといわゆる「フォークダンス」なのです。また、大きなパーティーになると「ボロネーゼ」という前の人の肩に手を置いて長い列を作って会場を踊り、うねり歩くのも典型的。さあ、みなさんもパーティーに参加する機会があれば一緒に踊っちゃいましょう！

5章

歴史に触れる街歩き

スイスの首都であり
美しい旧市街が魅力のベルン

▶ スイスの政治中心部として機能

　チューリッヒからは直通で約1時間程度、ジュネーブからは約2時間と、どこからでも鉄道で簡単にアクセスしやすくなっているベルン。また、山岳地方であるインターラーケンやツェルマットへの玄関口でもあります。この美しき街は、ツェーリンゲン家のベルヒトルド5世によって12世紀に創設されました。この街の人口はたったの14.6万人。しかしながら、**ベルンは首都として、スイスの政治中心部として機能**しています。

▶ 世界遺産に登録された旧市街を散策

　この小さな首都・ベルンの魅力は、中世の世界観を色濃く残した旧市街にあります。**ユネスコ世界遺産に登録されていて、タイムスリップしたかのような圧倒的で重厚感溢れる旧市街**は、世界中から来る観光客を魅了し続けています。

　街のシンボルとなっているのは、**「ブンデスハウス/連邦議事堂 (Bundeshaus)」**です。1902年にできた建物で、定期的に政治議会が開かれています。装飾

ベルン大聖堂の塔は、ベルンでもっとも高い建物でどこにいても見える街のランドマーク

5章　歴史に触れる街歩き

が美しい内部はガイドツアーで見学ができ、3月のミュージアムナイト (P97) 時にも見学できます。そして、観光客に人気なのが**「時計塔 (Zytglogge)」**です。毎時間ごとに鐘がなり、仕掛けが動くので、時間

になるとそれを一目見ようと観光客が集まってきます。内部の見学はツアーでのみ可能で、時計の仕組みなどを間近で見ることができます。さらに、高さ100.6mの塔が目印のゴシック建築の**「ベルン大聖堂 (Berner Münster)」**もお見逃しなく。塔からの眺めは、重厚な旧市街全体を真下にした贅沢な景観を楽しめます。また、大聖堂のすぐ横にある**「大聖堂プラットフォーム (Münster Plattform)」**は小さなカフェが併設された眺めのよい公園となっており、天気のよい日にはここでくつろぐのもおすすめです。

▶ 100基以上ある"噴水"に注目

　少しユニークなところでは、ベルンの象徴であるクマが4頭暮らす**「クマ公園 (Bärenpark)」**や、春先には何百種類ものバラが咲き乱れ、旧市街の街並みを見下ろせる**「バラ公園 (Rosengarten)」**もぜひ立ち寄りたいところですね。また、スイスには至る所に湧き水の出る噴水がありますが、**ベルンにはなんと100基以上の噴水がある**と言われています。噴水はかつてベルン市民の大事な水の資源地であり、「井戸端会議」ならぬ、「噴水端会議」の場でした。数多くあるベルンの噴水の中でも、旧市街のあちこちにある彫像が立つユニークな噴水はとても興味深いものがあります 。それらを探しながらベルン旧市街を散策してみれば、ちょっと違った角度からの街歩きが楽しめるでしょう。

コツ 34 SWISS

スイスの空の入口であり経済の中心地・チューリッヒ

▶ 様々な表情がある魅力的な町

　スイスの空の玄関口として機能するチューリッヒ。人口約42万人のスイス最大の都市で、街の中心部を流れるのはリマト川。チューリッヒ湖が緑豊かな近郊へと大きく広がり、大変美しい景色を作り上げています。紀元前15年にはローマ人によって創始されていたという長い歴史を持つチューリッヒ。交通の拠点としてだけではなく、ショッピングやグルメ、観光スポットも充実し、様々な表情を持ち合わせる近代都市をじっくり歩いてみましょう。

▶ 有名画家のステンドグラスは必見！

　まず、この街の**目抜き通りと言えば「バーンホーフ通り(Bahnhofstrasse)」**です。スイス中央駅を出てチューリッヒ湖まで真っ直ぐにのびていて、高級ブランド店が建ち並ぶ他、有名な老舗菓子の本店、有名チョコレートブランド店、デパート、お土産屋さんなどが軒を連ねています。歴史的な中心部と言えば菩提樹（リンデン）が植えられた**「リンデンホーフの丘(Lindenhof)」**。チューリッヒの街はここから徐々に広がって行きました。丘の上からはチューリッヒの東側の景色が一望できます。晴れているとアルプスの山も

リンデンホーフの丘からの景色は、まるで絵葉書のような美しさ

5章 歴史に触れる街歩き

背景に見え、大変美しい景観を堪能できることもあります。リマト川西岸に立つ青銅色をした鋭い尖塔が目印の**教会「フラウミュンスター（Fraumünster）」**には、フランスの画家シャガールによって制作された美しいステンドグラスが設置されています。このステンドグラスに光が美しく差す午前中が訪問のねらい目。スイスの彫刻家、ジャコメッティのステンドグラスもお見逃しなく！

疲れてきたら、リマト川の東岸の**旧市街地を南北に伸びる賑やかな「ニーダードルフ通り＆ベレヴュー（Niederdorfstrasse & Bellevue)」**で食事はいかが？　このベレヴューには、オペラハウス、100年休まず営業され続けて来たダンスクラブ「マスコット（Mascotte）」、カフェ・レストラン「オデオン（Odeon）」や、チョコレート店のカフェ「トイスチャー（Teuscher／P114）」、スイス料理店「クローネンハッレ（Kronenhalle）」など昔から愛される老舗が多くあります。

▶ 再開発が進むエリアもチェック

チューリッヒの中央駅の北西部はかつて工業地帯でしたが、80年代半ば辺りから工場が次々と撤退し、廃墟となっていきました。その後、このエリアに再開発の波が訪れ、若いクリエイター等を中心に、おしゃれなファッション店や雑貨ショップ、バー、レストラン、ライブハウスなどが次々オープンし、現在もまだ発展途上中です。なかでも、注目を集めているのが**エンターテイメント施設である「シフバウ（Schiffbau）」**。ドイツ語で造船所を意味し、その名の通り、かつて船を作っていた吹き抜けの建物跡地を利用しています。劇場、ジャズクラブ（ライブハウス）、バー、レストランなどが集合しており、少しディープなチューリッヒを味わいたい方はこちらがおすすめですよ。

湖と中世の街並みにより
上品な空気が漂うルツェルン

▶ スイスを代表する古都

　スイス中央部のルツェルン（Luzern）は、**ルツェルン湖（正式名フィアヴァルトシュテッテ湖）**の湖畔に広がるとても美しい街です。各都市からのアクセスもよく、チューリッヒからは直通で約40〜50分ほど、ベルンからも約1〜1.5時間ほどとなっています。日本ではあまり知られていませんが、中世の雰囲気を醸し出す旧市街の建物など見どころもいっぱい。今も昔も多くの人に愛される、スイスを代表する古都を旅してみましょう。

▶ 旧市街とその周辺を散策

　この街の象徴とも言えるのが**「カペル橋（Kapellbrücke）」**です。歴史は古く、14世紀に街の防衛目的で建造されたのが始まりです。春から秋にかけてはゼラニウムの花で橋は装飾され、湖、川、空の青に美しい鮮やかな花の色が映えます。

　そして、**中世の時代にタイムトリップしたかのような旧市街**も必見です。あちこちに古い趣きを残した建造物が建ち並び、どこの一角を切り取っても絵になる風景です。なかでも、**「ヴァインマルクト広場＆ヒルシェ広場（Weinmarkt & Hirschenplatz）」のフレスコ画（壁画）**は大変美しく、見る者を虜にします。

　ルツェルン滞在が火曜日か土曜日にあたるなら、ぜひ訪れてもらいたいのが**「青空朝市（Wochenmarkt）」**です。毎週火曜日と土曜日の午前中、ルツェルンのロイス川沿いで開催されます。フレッシ

5章 歴史に触れる街歩き

ュな青果や焼きたてのパン、手作りジャム、はちみつ、シロップ、ハーブ、生花、加工肉、チーズなど、季節の旬のものが並ぶ屋台が軒をずらりと連ねます。朝9〜10時ごろに行くと、お店が出揃い、活気があります。果物やパン、サラミなどを買ってホテルで食べるもよし、湖沿いで食べるもよし、はたまた、雰囲気を味わうだけでも充分に楽しめますよ。

長さ204mで、ロイス川とルツェルン湖の河口に美しく架かる木造のカペル橋

▶ ムゼック城壁と9つ塔を巡る

ルツェルンの旧市街はかつて城壁に囲われていました。その城壁であった**ムゼック城壁と9つの塔 (Museggmauer & 9 Türme)** は1386年に築かれ、現在はその一部の900mと9つの塔だけが残っています。歴史に思いを馳せながら、お散歩がてらに壁づたいに歩いてみましょう。その際、ぜひ塔にも上ってみて。9つのうち、「メンリ塔 (Männliturm)」や「時計塔 (Zytturm)」などには上がることが可能です。塔から見下ろすルツェルンの旧市街と、湖と背後に立つ山々は実に絵になる美しさです (ただし、塔は12月〜3月の冬季は閉鎖しているのでご注意を)。

塔に上る階段はなかなかしんどいが、上りきったときの感動もひとしお

93

洗練された雰囲気が素敵な フランス語圏の3つの街

▶ 言語が変われば街の雰囲気も変わる

スイスの街はチューリッヒや首都ベルンだけではありません。**ドイツ語圏とフランス語圏では街の雰囲気もガラリと変わります**。不思議なことに、フランス語圏に入るだけでパンやお菓子がぐっと美味しくなるんですよ！ ということで、ここでは、スイスのフランス語圏のエリアの中から、世界的にも有名ないくつかの都市をピックアップして、簡単に見どころを紹介しましょう。

ジュネーブ（Genève）

レマン湖の南西部端に佇む美しい街。学問の専門機関が集まり、国際連盟の本部や国際連合のヨーロッパ本部が置かれているヨーロッパでも重要な国際都市の1つです。旧市街には優雅な雰囲気が立ち込めており、ドイツ語やイタリア語圏とはまた違うフランスの香りが漂っています。宗教改革期などジュネーブの歴史を垣間見られる公園や世界的な時計ブランド、美味しいスイスチョコレートの本店もあり、ショッピングにも最適です。

ローザンヌ（Lausanne）

ローザンヌはレマン湖の北部湖畔にある国際文化都市です。世界オリンピック委員会（IOC）の本部が置かれていたり、ローザンヌ国

5 章　歴史に触れる街歩き

際バレエ・コンクールが毎年開催されるなど、ローザンヌの名は世界でもよく知られています。またスイスで唯一、地下鉄が走る街でもあります。有名なアートアカデミーもあるので全体的におしゃれな雰囲気の街です。2022年にはローザンヌ中央駅の蒸気機関車修理庫跡地に、**3つの美術館が集結した新たな芸術地区「プラットフォーム10」が誕生**しました！　モダンで壮大な空間でアート鑑賞ができ、駅のすぐ隣という便利な立地も立ち寄りやすいです。

©Matthieu Gafsou

モントルー（Montreux）

　レマン湖の東にひっそりと佇むモントルーは、街自体は非常に小規模ですが、カジノの街として、高級リゾート地として、街中が華やかな雰囲気で充満しています。リッチな雰囲気を味わうだけでも楽しいものでぜひ湖畔や高級ホテル付近を散策してみてください。レッドカーペットや高級リムジンカーなどをあちこちで見かけ、住む世界の違いをまざまざと見せつけられますが、返ってそれが新鮮でワクワクします。毎年夏には世界最大級の音楽の祭典モントルー・ジャズ・フェスティバル（P28）が開催され、世界各国の有名なミュージシャンを見に世界中から観客が集いま
す。また、モントルー近郊には英国の詩人バイロンによる作品「シヨンの囚人」に登場する、レマン湖に浮かんでいるかのように立つ幽玄的なシヨン城があります。このお城目当てでモントルーを中継地点に訪れる観光客も多くいます。

95

実業家が多いからアートも豊か
スイス美術館巡りのコツ

▶ 私設の美術館が多いスイス

　自然豊かなスイスですが、アートに関してもなかなかの充実ぶり。というのも、**スイスは一人当たりに対する美術館や博物館がとても多いことでも知られているからです。**市民がそれだけ気軽にアートに触れられる機会が多いので、国民のアートに対する目も肥えているというわけです。そんなスイスの美術館の特徴は、**世界的にも評価されている、素晴らしい民間美術館が多くある**ことが挙げられます。スイスの裕福な実業家たちによる数多くの芸術作品収集活動は、美術市場を動かす重要な役割を果たしていました。以下に挙げる４つは世界が羨むような収集品を揃える個人コレクションを誇る民間美術館となっており、一見の価値ありです。

- ローゼンガルト美術館（Sammlung Rosengart）／ルツェルン
- バイエラー財団美術館
　（Fondation Beyeler）／バーゼル
- ビュールレ美術館
　（Stiftung Sammlung E.G.Bührle）／チューリッヒ
- オスカー・ラインハルト美術館
　（Sammlung Oskar Reinhart）／ヴィンタートゥール

▶ 展示だけでなく、建物にも注目を

　もう１つの特徴が、**美術館の建造物も有名建築家が手がけている**

5章 歴史に触れる街歩き

場合が多いということ。例えば、スイスを代表する画家、パウル・クレーの絵画をより多く収蔵するベルンの**「パウル・クレー・センター」**は、イタリアの建築の巨匠であるレンツォ・ピアーノ設計の大規模な美術総合施設となっています。展示コレクションはもちろん、波打つような曲線が印象的な外観などもあわせてじっくり観察したいところですね。

波打つような外観が
ユニークなパウル・
クレー・センター　©Bern Tourismus

▶ 美術館をお得に楽しむ方法

ここで覚えておきたいのが、**「スイス・トラベル・パス(P54-55)」を持っていれば無料で入れる美術館が多い**ということです。左に挙げた「オスカー・ラインハルト美術館」や上記の「パウル・クレー・センター」、さらにはルツェルン美術館などまで、規模の大小にかかわらず、様々なところで活用できます。パスを持っている人は事前に無料になる美術館を調べてから行くとよいでしょう。

また年に一度、チューリッヒ、バーゼル、ベルンなどの大きな都市部では**深夜までオープンするミュージアムナイトが開催されます**。チケットを購入すればどこへでも入れる楽しいイベントです！ベルンは初春の3月頃、チューリッヒは初秋の9月頃、バーゼルは真冬の1月頃（どこも日程は変動します。）に開催されるので、これらに合わせて旅行に来るのも楽しいと思います。

ちなみに、スイスの全国の美術館・博物館は月曜日休館が基本です。また、**毎月第一日曜日は多くの美術館・博物館が入館無料**になりますので、その時にスイス滞在されている方はぜひ美術館へ！

コラム

\ 世界的名画からユニークな展示まで /
行く価値あり！な美術館

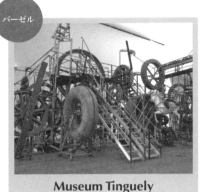

バーゼル

Museum Tinguely

ティンゲリー美術館

スイス人芸術家、ジャン・ティンゲリーの美術館。彼の作品の特徴は廃材を組み合わせ、とくにガチャガチャと大きな音を立てながら動く作品（ギネティック・アート）です。時にその廃材はＦ１カーであったり、柵であったり、じつに個性的でユニーク。また、無料でアクセスできる庭園にある噴水作品にも注目を。

チューリッヒ美術館

チューリッヒ

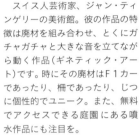
Kunsthaus Zürich

チューリッヒにあるスイス最大級の美術館。レンブラント等のオランダ絵画、モネやセザンヌ、ゴーギャンなどの印象派など著名なヨーロッパ絵画のコレクションも充実しているが、この美術館の見どころは世界に誇るスイス人彫刻家アルベルト・ジャコメッティの膨大な数の作品コレクション。72点の彫刻、絵画17点、デッサン62点は必見です！

世界でも屈指の美術館が多くあるスイス。なかでも、スイスの著名な個性派アーティストに重点をおいて 厳選した、4つの素晴らしい美術館を紹介します。

ルツェルン美術館

　ルツェルン中央駅のすぐ東に隣接する文化総合施設、KKL内にある美術館。KKLの建設物はフランスの鬼才建築家ジャン・ヌーヴェル氏が設計。斬新で大胆なアイデアは美術館の空間スペースにも反映されています。この美術館では主に現在活躍するスイス人アーティストを中心にスケールの大きなインスタレーションや彫刻、絵画作品を展示。

ギーガー美術館

　映画「エイリアン」のイメージデザインを手がけ、アカデミー美術賞も獲得した、スイスを代表する鬼才ハンス・ルドルフ・ギーガーの美術館。人間の体の一部をモチーフにした作風は、精密で細かく、グロテスクで美しくもあります。美しい山里に囲われたのどかな土地とは対照的なギーガーの強烈な作品の数々、そのコントラストがシュール。

知っていればスイス通！
中世にタイムトリップできる町

▶ 日帰り旅行にもおすすめの３つの町

　スイスには、**中世の面影が残る情緒ある町があちこちに点在**します。すでに紹介したベルン (P88-89) やルツェルン (P92-93) などはその代表ですが、それ以外にも中世の風情ある町並みが堪能できる町や村があります。その中から、**歴史好きならずとも訪れる価値のあるスポット**を厳選して紹介します。いずれも絵になるスポットばかりなので、カメラをお忘れなく！

シュタイン・アム・ライン (Stein am Rhein)

　スイスとドイツの国境沿いのライン川の袂に佇む町、シュタイン・アム・ライン。この町の名前はドイツ語で「ライン川の宝石」という意味を持ちます。その名の通り、16〜18世紀にかけて描かれたフレスコ画が旧市街中の建物のファサードを飾っており、実に華やかで美しい町です。町並みは中世の姿そのままに残っており、町の周囲も壁に囲まれたまま。すぐ近くの丘の上に立つホーエンクリンゲン城 (Burg Hohenklingen) まで上れば、壁にぐるりと囲われた旧市街の様子がよく見えます。非常にコンパクトな町なのでチューリッヒからの日帰り旅行にもぴったり。チューリッヒ中央駅からヴィンタートゥール乗り継ぎで約１時間、シャフハウゼン乗り継ぎで約１時間20分、シャフハウゼンから船でのアクセスも可能です。

5章 歴史に触れる街歩き

グリュイエール (Gruyères)

　チーズの産地として有名なグリュイエールはドイツ語圏とフランス語圏の狭間にある両文化の交差点で、ゆったりと時が流れる牧歌的な山里です。この里の一角の丘の上にあるのがグリュイエールの旧市街地。とても小さな旧市街ですが、おとぎ話に出てくるようなグリュイエール城や小さな教会もあり、町一面は色とりどりなゼラニウムの花々で飾られ、なんとも可愛らしい雰囲気です。訪れたなら、この地方の銘菓メレンゲもぜひトライを。濃厚なダブルクリームをつけながら食べるメレンゲはとっても美味！　ベルン中央駅からビュール (Bulle) 乗り継ぎで約1時間30分弱、そこからバスに乗り換えてグリュイエール・ヴィル (Gruyères Ville) 下車と、アクセスは面倒ですが、満足度150％です。

ムルテン／モラ (Murten /Morat)

　ムルテンはフリブール州にあるムルテン湖の湖畔に広がる小さな町。湖の南岸がドイツ語圏、北岸がフランス語圏です。町の旧市街地には石畳が敷き詰められ、中世の色がそのまま残り、小さいながらも大変魅力的な町となっています。隣り合うムルテン湖、ヌー・シャテル湖、ビール湖とは運河で繋がっているため、昔から3つの湖のクルーズで有名。どちらかと言うとスイス人観光客が多い観光スポットで、我々日本人には穴場かもしれません。ベルン中央駅から直通電車で35分と近いので、ベルンからの日帰り旅行におすすめです。

101

> コラム

ドイツ風？　フランス風？　どちらがお好み？

スイスで食べたい
パンあれこれ その3

スイスはじつはパンがとっても美味しい国です。ドイツやフランスの影響を受けたパンが様々に混ざり合い、独自の「パン文化」が華開いています。在住者の目から見て、日本人の舌にも合う、おすすめのパンを紹介します！

ラウゲンブレートリ
(Laugenbrötli)

　ラウゲンとはドイツ語で苛性ソーダ、ブレートリとは小型パンを意味しています。つまり、苛性ソーダ液に浸してから焼いた独特な香りのする、バターとの相性抜群の美味しい小さなパンです。苛性ソーダがパンの表面を独特な赤茶色にします。上には大粒の塩がまぶされており、そのまま食べてもサンドイッチにしても美味！どこにでもラウゲンブレートリのサンドイッチは売られているほど、サンドイッチの定番中の定番のパンです。

ショッキギプフェリ
(Schoggigipfeli)

　ショッキギプフェリとは、フランスで言うパン・オー・ショコラ。バターたっぷりの折り込み生地にチョコレートを包んで焼いたスイス人の大好物の菓子パンの1つです。生地の中にチョコレートメーカー、例えばRagusa、Caillerなどのチョコバーをそのまま包んで焼いたショッキギプフェリもおすすめ！　スーパーや駅の売店にあるので、そちらもぜひチェックしてみて。

6章

農業国ならではの
グルメを堪能

チーズ&じゃがいもを使った シンプルなスイス料理

▶ 農業大国ならではの食事習慣

スイスは農業大国です。スイス文化の背景にも**農家のライフスタイルに基づいたものが色濃く残っており**、食文化についてもそれが言えるでしょう。農家の朝は早い上、体力もたくさん使う肉体労働のため、たくさん食べないと仕事になりません。それゆえか、あまり**見た目や味にこだわらないシンプルな料理が多く、「お腹がいっぱいになればいい！」という習性が一般の家庭にも浸透**している傾向にあります。

面白いことに、スイス国内のドイツ語圏にはドイツの食文化が、フランス語圏にはフランスの食文化が、イタリア語圏にはイタリアの食文化がそれぞれプラスされます。そのため、地域によっても非常に個性が出てくるのも特徴と言えるでしょう。

▶ スイスの代表的な料理はコレ

では、スイスの大多数であるドイツ語圏の食事にスポットを当て、まずはスイスを代表する二大料理について説明しましょう。

チーズフォンデュは、ドイツ語では「**ケーゼフォンデュ (Käsefondue)**」となります。美味しいチーズにキルシュ、白ワインを混ぜ込んで溶かしたものに、小さく角切りにしたパンをつけて食べる料理です。一方の**「ラクレット (Raclette)」**ですが、ふかした小ぶりの皮付きじゃがいもに、とろっとろに溶かしたラクレットチーズをかけるだけ。いずれも付け合わせには（口直し用の）シルバ

■ 6章　農業国ならではのグルメを堪能

ーオニオンときゅうりのピクルスのみで、なんともシンプルです。サラダも何も食べないのが家庭での食べ方の通例ですが、近年では若い人たちはラクレットでも様々な食材を使うようになって来ています。どちらもとろけたチーズの旨味がクセになりますよ。

アニメ「アルプスの少女ハイジ」に登場したチーズがとろける料理もラクレット

▶ 一皿のボリュームに注意

スイス人はよく食べます。それゆえ、一人前はとにかく量が多いので注意。注文の際にウェイターやウェイトレスさんに聞いてみるとよいでしょう。例えば、2人で旅行する場合、一人がサラダ、一人が温かい料理などを頼んでそれぞれシェアするのが日本人的にはちょうどよいかもしれません。ただ、基本的には、日本のようにたくさんのおかずを並べて皆でつまむという習慣はありません。取り分けるのはサラダぐらいで、ワンプレート料理が基本となります。

耳よりコラム

おやつの時間は一日2回!?

農家の朝は早いため、朝食、昼食、夕食に加え、朝9時と16時にサンドイッチなどの軽食を食べる風習があります。幼稚園や学校にもその習慣は残っており、9時の軽食(おやつ)を持参するのが普通です。日本は「おやつは3時」というイメージですが、子どもが友人の家に遊びに行って出されるおやつの時間も4時(16時)が一般的なのです。また、食事の回数が多いからか、夕食はコールドカット(冷たいハムやサラミ、チーズなど)とパンのみで済ます家庭も少なくはありません。

> コラム

これを食べなきゃ！
スイスの定番料理8選

レシュティ（Rösti）

茹でたじゃがいもをおろし金で粗くおろし、フライパンでカリッとするまで両面を焼いたベルン生まれのハッシュドポテトの原型料理。目玉焼きとベーコンを乗せた、ボリュームあるベルナー・レシュティが人気。

ブラートヴルスト・ツヴィーベルゾーゼ（Bratwurst Zwiebelsauce）

ジューシーなブラウン・ソーセージをこんがりするまで焼き、その上にスライスした玉ねぎがたっぷり入った甘辛いソースをかけたもの。付け合わせはフライドポテトが典型的。

ツールヒャー・ゲシュネッツェルテス（Zürcher Geschnetzeltes）

仔牛肉を細かく切り、クリームでじっくり煮込んだチューリッヒ発祥の料理。付け合わせにはプレーンのレシュティがもっとも一般的。

エルプラーマクローネン（Älplermagronen）

マカロニとさいの目のじゃがいもを茹で、細切れのベーコン加えてクリームで和え、ローストオニオンをかけたもの。ナツメグの香りが効いたグラウビュンデン生まれの典型的な山小屋料理。

チーズフォンデュやラクレット以外にもスイスには美味しい料理がたくさんあります！ スイス旅行の記念にぜひ食べてほしいものを8つ紹介しましょう。

シュヴァイネフィレ
(Schweinefilet)

豚のフィレ肉をソテーし、クリームソースやペッパーソースをかけたスイス全土でよく知られた料理。付け合わせは、幅広のパスタやシュペッツリがポピュラー。

コルドン・ブルー
(Cordon Bleu)

薄切りの豚肉でチーズとハムを包み、パン粉をつけてサクッとフライパンで揚げ焼きしたもの。フランスから入ってきた料理で、フライドポテトやパスタを添えて味わう。

シュペッツリ
(Spätzli)

肉料理の付け合わせの典型的な小麦粉料理。卵と水で固めに溶いた小麦粉を専用の器具を使って小さくして茹でて炒めたもの。南ドイツ、オーストリア、スイスの共通の付け合わせの一品。

ルツェルナー・パステートリ
(Luzerner Pastetli)

パイの真ん中をくり抜いて器状にし、マッシュルームや小さな丸いソーセージを混ぜたクリームソースを、溢れるようにたっぷりと流し込んだルツェルンの料理。

レストランはこう選べ！
失敗の少ないレストラン利用術

▶ レストランの格付け

「美味しいスイス料理を食べたい」と考える旅行者は多いはず。しかし、観光地などでは正直、「この内容でこの価格？」というようなお店があるのも現実です。せっかくの旅行、なるべく失敗を少なくするためにはハズレのないレストランを選ぶのがとても重要と言えるでしょう。

スイスで美味しいレストランを探すにあたり、とても役に立つのが「スイス版ミシュラン・ガイド」と「ベスト・オブ・スイス・ガストロ (Best of Swiss Gastro)」です。スイス版ミシュラン・ガイドは、フランス同様に星の数でレストランを格付けします。一定の基準をクリアするのはもちろん、味、盛り付け、店内の雰囲気等を統合して星の数が決められ、星の数が多ければ多いほど優れたレストランというわけです。

一方のベスト・オブ・スイス・ガストロでは、美味しい食事ができるスイス全土の店 (テイクアウトから大衆的な食堂、高級レストラン、バーまで) を紹介しているオンライン・ガイド。かなり幅広くレストランを紹介しているのでレストラン選びにとても役立ちます。**レストランの店頭に『Best of Swiss Gastro』のマークがついていれば「美味しいお店」という目安になるので**参考にするとよいでしょう。

現地の人で賑わっているお店もハズレなしと思ってよい

108

6章　農業国ならではのグルメを堪能

▶ 時間に正確なスイス人の食事時間

スイス人は時間に正確な国民。食事の時間もきっちりしている印象を受けます。そのため、**レストランが混雑する時間帯もだいたい決まっていて、ランチが12〜13時、ディナーが18〜19時30分が目安**となります（ただし、観光客のみが来る山岳地方のレストランは19〜20時30分がもっとも混む時間帯）。

それと、山の観光地は都心部とは異なり、レストランの数には限りがあります。「どうせなら名の知れた評判のよいレストランで食事をしたい！」と思うならば、予約をおすすめします。とくに、**ハイシーズンでは人気店は早く予約が埋まってしまう傾向にあるので、早めに予約を**取っておきましょう。しかし、18時前に入店すれば予約なしでも入れるレストランがほとんどなので、ランチを軽めにして、早めの夕食を取るのもいいですね！

▶ チップは料金に含まれている

スイスのレストランはサービス料が含まれているので、チップは基本的に不要です。しかし、気持ちのよいサービスを受けた場合や、星付きレストラン、都心部のシャレたレストランなどではチップを払うスイス人も多くいます。「気持ちだけ支払いたい」という場合は**〇〇％程度を！ということはなく、スタッフへの感謝の気持ちで金額を決めて**ください。カフェや普通のレストランでのチップは1〜2CHF程度、星付きや高級レストランでは5CHF以上が目安です。または、例えば食事料金が合計98CHFの場合は100CHF出してお釣りを受け取らない、という方法もあり。しかし、念のためもう一度、言いますがチップは決してマストではありません。

109

物価の高いスイスで節約しつつ
上手に食事を楽しむコツ

▶ レストランはとにかく高い

　スイスでの外食は実に高い！ コーヒーぐらいならまだしも、一人前の食事をしようものならポーンと平気で高額になってしまいます。もちろんどこで食べるかにもよりますが、平均して高いのです。**2人以上で飲み物、サラダなどの前菜、デザートも注文すると、なんでもない一般的なレストランでもすぐに1万円以上を超えてしまいます。**ですから、スイスで三食を外食していると、飲食代はかなりの出費になってしまうのです。

　わかりやすい例を紹介しましょう。マクドナルドでは最安値のセットメニューで約1700円、学生でも気軽に入れるカジュアルなイタリアンレストランで約30cmのピザ一枚が約2500〜3300円ほど、ラクレットチーズのセットメニューは約6500円、チーズフォンデュのセットメニューは1人約5000円にもなってしまいます。

▶ ランチの日替わりメニューがねらい目！

　「美味しいものも食べたいけれど、飲食代にそこまでかけられない」という方には、いくつかの"飲食節約のコツ"をお教えしましょう。まず、日本でも同じですが、**ディナーよりはランチのほうが安く設定されている**ことが多いです。とくにオススメなのが、**日替わりセットメニュー**。飲み物は別料金ですが、サラダ、デザートがついてきてかなりお得な料金で食べられます。ほとんどのレストランがこのサービスを提供しているので利用されてみるのもちょっと

した節約術の1つと言えるでしょう。目安はランチが約4000円、ディナーが約8000円程度です。**ランチにしっかり食べておいて、ディナーは軽めにする**のがよいかもしれません。

そして、**買ってきたサンドイッチなどをピクニック気分で公園や展望台などでほお張る**というのも◎。レストランの価格には給仕の人件費やサービス料などが加算されていますが、この方法ならそれらがかからないので安くなります。

▶ スーパーをうまく利用しよう

食費を安くあげるために欠かせない存在がスーパー（P126-127）の利用です。パン、チーズ、ハム、ペースト、サラダ、フルーツ、飲み物（お酒を含む）などを買ってホテルの部屋で食べるだけでかなり食費が浮きます。ケーキやプリンやヨーグルトなど、デザートだって買うことができます。

また**スーパーにあるセルフサービスのバイキング型（量り売り）食堂も比較的安いので利用しない手はありません！**　日替わりセットメニューを選べば1700～2500円程度で温かい食事が食べられます（ドリンクは別途）。とくにCOOP、MIGROSの食堂は安いのでおすすめです！　バイキングの場合は自分の食べたい量に合わせて調整できるのと不足しがちな野菜も食べられるのがいいですね。

スーパーにあるバイキング式のレストランの一皿

新鮮かつ美味！
ぜひ食べたいチーズあれこれ

▶ 様々なチーズを堪能したい

　スイスの食として、第一に思い浮かぶのはチーズ。それもそのはず、スイス生まれのチーズは**それぞれの地方に根差した製造法で作られていて、なんと数百にものぼる豊富な種類がある**のです。ここではお土産にもしやすい、スイスならではのチーズを紹介します。

● エメンターラー（Emmentaler）

　穴が大きくたくさんあいた、トムとジェリーにも出てくるおなじみのチーズ。ルツェルンとベルンの間にあるエメン渓谷近郊の村で作られています。クセがなく、子どもたちが大好きなチーズなので、カットして学校に持参しておやつにすることも！

● グリュイエール（Gruyère）

　レマン湖に近いのどかな山岳地方の村、グリュイエール（P101）で作られる食べやすいチーズ。このチーズの味の鍵となるのはモミの一種、エピセアの木の棚。その板の上で熟成されることによって生み出される風味が美味しさを引き出す秘訣なのです。

● アッペンツェラー（Appenzeller）

　スイス東部のアッペンツェル地方で作られるこのチーズは、中世時代にまで遡るほど古い歴史を持ちます。ナイフで薄く切ってそのまま食べるのが一般的。香りが特徴的で、熟成期間が長ければ長いほどその香りは強くなります。この独特の香りは一度好きになると病みつきに。

6 章 農業国ならではのグルメを堪能

● **スプリンツ (Sbrinz)**

ベルン州のブリエンツが発祥の、古代ローマ時代から作られていたと言われるヨーロッパ最古のチーズ。ハードタイプのチーズですが、口に入れるとクリーミーで濃厚な味わいが広がります。16カ月〜3年という長い熟成期間を経て作られるので味に深みが出ます。

● **テット・ドゥ・モワンヌ (Tête de moine)**

ジュラ山脈のベレルー修道院で15世紀から作られているセミハードタイプのクリーミーな口当たりのチーズです。フランス語で「修道士の頭」という意味。薄切りにして売られているので、そのままパッとつまんで食べられます。

▶ スイス人流チーズの食べ方

スイス人の典型的なチーズの食べ方は、10種類ぐらいのハードチーズからソフトチーズまでを塊のまま並べ、自分で切ってパンと乾燥肉とともにワインを飲みながらというスタイルです。チーズによっては、はちみつやジャムをつけて食す人もいます。また、**ケーゼシュニッテン (Käseschnitten)** という、パンの上にチーズを乗せてオーブンで焼くだけのシンプルな食事も好んでよく食べられます。子どもたちにも大人気なのは**ケーゼヴェーヘ (Käsewähe)** というチーズパイ。見つけたらぜひ食べてみてください。

耳よりコラム

チーズ工場見学へ行こう！

エメンターラーとグリュイエールでは、工場見学施設があります。実演のチーズ工房やチーズ直売所があったり、はたまた工場併設のレストランもあったりと、言葉が分からなくても楽しめます。どちらも牧歌的な山岳地方にあるので日帰りエクスカーションにもピッタリですよ。

113

意外!? ミルクチョコレートの発祥の地であるスイス

▶ スイスとチョコレートの歴史

　チョコレートと言えば、フランスやベルギーが有名ですが、スイスも負けてはいません。というもの、**19世紀半ば、スイスのとある職人たちがミルクチョコレートを生み出した**からです。ミルクを加え、苦味が消されたまろやかな口当たりのチョコレートは当時、画期的なもので、たちまちヨーロッパ中で話題となりました。

　そのミルクチョコレートを本格的にスイスの特産品にしたのがスイス最古のチョコレートメーカー、カイエ社（Cailler）です。今では**スイス国内に多くのチョコレートブランドがあります**。有名店から老舗までいくつかのおすすめショップを下記に挙げるので、いろいろなお店の味を食べ比べてみてもいいですね。

● レダラッハ（Läderach）
　チューリッヒ郊外で生まれたチョコレート店。口どけのよい優しい味のプラリネチョコレートとパッケージのデザインの美しさで人気。

● トイスチャー（Teuscher）
　元祖「シャンパン・トリュフ」が最高に美味しいチューリッヒ生まれの老舗。全てオーガニック素材を使ったこだわりにも注目を。

● シュプリュングリ（Sprüngli）
　高級感漂う店内にずらりと並ぶチョコレートは宝石のよう。味も一級品のチューリッヒ生まれの老舗店。チョコレートケーキもどれも濃厚で絶品。

6章　農業国ならではのグルメを堪能

● ブロンデル（Blondel）

ハンマーで割る板チョコ「マルトー」が有名な、ローザンヌ生まれのチョコレート店。ボンボンショコラなどもおすすめ。

● デュ・ローヌ・ショコラティエ（Du Rhône Chocolatier）

ジュネーブ生まれの老舗店。ダークチョコレート「パヴェ・デュ・ジュネーヴ」とダークチョコレートにコーヒーを混ぜ込んだ「モカグレース」が人気のライナップ。

▶ チョコの食べ放題ができるスポット

世界最古のチョコレートブランドのひとつ、老舗**カイエはグリュイエール郊外に「Maison Cailler」**を、世界的に名の知れた**リンツはチューリッヒ近郊に「Lindt Home of Chocolate」**というチョコレート・ミュージアムを設けています。どちらも、チョコレートやブランドの歴史に関する展示はもちろん、チョコレート制作体験や食べ放題の試食なども楽しめます。リンツの博物館にある高さ9.3mもあるチョコ・ファウンテンは、迫力があり必見ですよ。

リンツのミュージアムは、ウェブサイトからチケット購入がおすすめ

耳よりコラム

リンツのチョコがお買い得に！

スイスチョコのお土産の定番として人気のリンツ。500㎡と世界最大の広さとなっている直営店はさすがの規模なので行ってみるのも楽しいですよ。また、上で紹介したミュージアムの隣にはリンツのアウトレットがあります。最大で50％引きになるようなものも！

高評価のワインはもちろん
種類豊富なビールも試したい

▶ 国外に出回らないスイスワイン

スイス国内には様々なワインの産地が存在します。しかし、残念なことに、スイスのワインは日本ではよく知られていません。それもそのはず、**国内でほとんどを消費してしまうから海外にまで出回らない**のです。しかし、高品質なワイン造りにこだわっているため、世界的に見て評価が高いのも事実。ですから、スイスに来たら、レストランで料理に合わせて楽しむのもよし、お土産に買ってみるのもよし、ぜひスイスワインを楽しんでみましょう。

特徴としては、**赤も白もとてもフルーティーな味わい**なこと。白ワインに使われるブドウの８割がシャスラ（Chasselas）という品種で、土壌の違いを繊細に反映する特徴があります。赤ワインにはピノ・ワール（Pinot Noir）を主に、他にもガメイ（Gamay）などの赤ブドウが多く使われ、鮮やかな色合いで重さや渋みがなく、ライトで爽やかな味が特徴です。

▶ ドイツに近い＝ビールが美味しい？

ワインのイメージが強いスイスですが、**実は全国各地で地ビールが造られています**。しかも隣国にはビール王国のドイツがありながら、国内ビールを好む傾向があるので、みなさんもスイス人を真似てスイスビールを堪能してみてください。ここでは醸造所の見学もできるオススメの二大ビールを紹介しましょう！

● フェルトシュレッスヘン (Feldschlösschen)

1876年創業のスイス最大手のビールメーカー。スイス北西部、ドイツとの国境に近いライン川のほとりで醸造されています。味は甘みが強く、麦の香りもしっかりとしていて飲みやすいです。オリジナルに加え、ヴァイツェン（白）、黒、アンバー、ストロングなど様々な種類があり。

● アッペンツェラー（Appenzeller）

スイス東部のアッペンツェルの小さな町にあるロッヒャー醸造所 (Brauerei Locher) が造るビール。麦芽の香りと味がしっかりと効いており、ビール好き向けです。こ

の地方独特の装束を身にまとった人の絵などが描かれたラベルも必見。また、このロッヒャー醸造所 (Brauerei Locher) ではウィスキーも生産しており、ここの「サンティス・モルト (Säntis Malt ／写真)」は日本未発売、ツウの間で好評価を得ています。

▶ 寒い日にはアルコール入りカフェもぜひ！

スイスでは食後酒として、**果物から作る蒸留酒「シュナップス (Schnapps)」**を飲む習慣があります。小さな口のすぼまった独特の専用グラスで香りを楽しみながら嗜みます。洋梨の「ウィリアムズ (Williams)」やプルーンの「ツヴェチュケ (Zwetschge)」など香りも様々なので好みのフレーバーを見つけてみましょう。

ちなみに、シュナップスを加えて飲むコーヒー**「カフェ・シュナップス (Kaffee Schnapps)」**もスイスならでは。それに**ホイップクリームをたっぷり入れると「シュームリ・プフリュームリ (Schümli Pflümli)」**となります。

コラム

ドイツ風？ フランス風？ どちらがお好み？

スイスで食べたい パンあれこれ

その4

スイスはじつはパンがとっても美味しい国です。ドイツやフランスの影響を受けたパンが様々に混ざり合い、独自の「パン文化」が華開いています。在住者の目から見て、日本人の舌にも合う、おすすめのパンを紹介します！

ヴェックリ
(Weggli)

お尻のように真ん中に線が入り、表面に卵を塗った照りのある小さなパン。卵とミルクがたっぷりと入っているのでふわっとしており日本人好みの白パンです。子どもが大好きで、スーパーや電車の中などでおやつとしてかじっているのを見かけるでしょう。そのままでも美味しいですが、横にスライスして二つに切りわけ、ハムやチーズを乗せたり、バターやジャム塗って食べると美味しいです。サンドウィッチにしてもGOOD！

メアコルンブロート
(Mehrkornbrot)

カボチャの種、ヒマワリの種、マツの実、ゴマ、大麦など様々な雑穀を混ぜ込んで焼いた栄養たっぷりの体に優しいパン。表面にもたっぷりと雑穀がちりばめられており、焼きたてはとっても香ばしい香りがします。使用される粉も、栄養を多く含んだ全粒粉、ライ麦粉、カラス麦粉などを使うので、色が暗めのパンです。薄めに切って上にチーズやハムを乗せたり、サンドウィッチにしたりが◎。

7章

お得に買い物するコツ

スイスのデパート巡り。庶民派から高級店、アウトレットも！

▶ シンプルで機能的なものが好まれるスイス

　デパートはどの国でも楽しいスポットで、訪れるとその国のライフスタイルや美意識が垣間見えます。スイスのデパートも例外ではなく、**商品ラインナップは高品質で、シンプルかつエレガントなデザインが多いのが特徴**です。特にスイスでは、機能性とデザイン性を兼ね備えた商品が好まれる傾向にあり、スイス製品の精密さやクラフトマンシップが反映されています。また、デパートは買い物だけでなく、カフェやレストラン、さらには旅行者には助かるトイレもあるため、観光途中の休憩場所としても重宝します。免税手続きもまとめてできるのでそこも便利ですね。

▶ 庶民派から高級デパートまで。主要デパート

　では、スイスの各地にあるデパートを、高級なところから庶民派のところまでいくつか紹介していきましょう。

● Globus（グローブス）

　スイスの主要都市には必ずある全国展開した高級デパート。様々なものが並びますが、どの商品のデザインも洗練された上質なものばかりで、買わずとも眺めているだけでとても楽しめます。食品売り場もあり、高級品なので大切な方へのお土産などを購入するのに打って付けです。カフェもあり。

● Jiermoli（イェルモリ）

創業は1988年の老舗高級デパートで、チューリッヒの象徴的な場所にもなっていて、目抜き通りであるバーンホフ通りの入口にふさわしいものと言えます。世界中の一流ブランドが揃いますが、このデパートのハイライトは、地下の食品売り場。スイスチーズやワインが豊富に揃い、多くのレストランも入っています。

● Loeb（レーブ）

ベルン中央駅のすぐ目の前に立つ、ベルンで唯一の老舗デパート。上記の2店と比較すると、ややカジュアルな雰囲気がありますが、取り扱う商品は、どれも高品質なものばかりです。

● Manor（マノール）

主要都市には必ずある、スイスでもっとも庶民的なデパート。地下には食品スーパーがあり、日用品も手軽に購入できます。スイスの2大スーパー（P126-127）と比べるとやや高めですが、「高すぎず安すぎず」な、お土産探しにちょうど良いかもしれません。最上階のレストランはビュッフェ形式で、庶民的ながら種類豊富＆価格も手ごろなので、子連れにはありがたい存在です。

▶ いつでもお得に買い物できるアウトレット

スイス南部のイタリア語圏ティチーノ州にある、**250以上の店舗が入った巨大アウトレットモール「FoxTown（フォックスタウン）」**もお忘れなく。ラグジュアリーブランド商品が大幅に割引価格で購入でき、商品によっては最大70％の割引が提供されることも！ルガーノなどの主要都市からの電車でのアクセスも良いため、日帰りで行ける点も人気の理由です。

スイスで買うべき！
ユニークアイテム＆ブランド

▶ 買い物ではスイスメイドのものを狙え

　何度もお伝えしていますが、とにかく物価高のスイス……。お得なショッピングをしたいと思っている方が狙うべきはズバリ"スイスメイド"のものです。

　まず、スイスのお土産物屋さんなどでもよく目にするのが**「十徳ナイフ（アーミーナイフ）」**です。じつはこれ、スイス人にとってはなくてはならない生活必需品なのです！ 創業1884年の高級刃物ブランドVictorinox（ビクトリノックス）

スイス人は老若男女が1つは持っているというアーミーナイフ

がプロデュースする十徳ナイフ、通称アーミーナイフは**世界に誇るスイス・アーミーナイフのブランドで、スイス人もこのVictorinoxの愛用者が大多数**と言えます。数種類のナイフ、はさみ、ワインのコルク抜き、栓抜き、ピンセット、スクリュードライバー、最近ではUSBスティックまで、マルチツールがコンパクトに収められています。デザインは、赤をベースにシルバーのスイスクロスが入ったものがベーシックですが、女子向けの可愛い柄の入ったものや、ウッディーなもの、アーミーで配布されるカーキ色のものまで様々です。チューリッヒとジュネーブに旗艦店があるので、ぜひ立ち寄ってみてください。ただし、購入した際は**帰りの飛行機で、機内持**

ち込みにしないように注意。預け荷物に入れて持ち帰りましょう。

　もうひとつ、おすすめなのが**テキスタイルブランド「カロリーネ・フルーラー（Caroline Flueler）」**です。スイスエアーのチェック柄のシートをはじめ、毛布、客室乗務員のスカーフやパイロットのネクタイは、こちらのブランドのデザインが使用されています。上品でシンプルな柄は、スイスの風景から取れる形や色味を基調にデザインされてます。上質なスカーフやネクタイ、靴下、マフラーや毛布などいろいろなものが揃うので、お土産にもぴったり。スイスエアーのフライト中の免税ショップなどのほか、セレクトショップやデパートなどにもあるので探してみてください。

▶ スイスが誇る高級腕時計の世界

　スイスと言えばやはり高級腕時計。その品質は世界中が認める素晴らしいもので、名立たる老舗時計ブランドが集まっています。長い間、時間をかけて腕を磨き続けた高い技術を持った職人が、丹精込めて作るその精巧さはまさに芸術品。スイス人の正確な性質がここでも大きく反映されているのです。

耳よりコラム

アーミーナイフの携帯は幼稚園児からOK?!

スイスでは、なんと幼稚園児からアーミーナイフの持参が許されています。というのも、子どもたちは幼稚園から森に定期的に行く習慣があり、その際に年長さんはアーミーナイフの使用が許されるのです！ナイフがしっかり使えるかテストを実施する幼稚園もあるほど。スイス全体がアーミーナイフを推奨しているようです。

スイスの素材を使うから高品質！
オーガニック・コスメのあれこれ

▶ ドラッグストアは「Müller」がおすすめ

　どこの国でも、お土産探しで重宝するのがドラッグストア。スイスの場合、**大きなドラッグストアといえばドイツ系の「ミュラー(Müller)」がおすすめ**。日本の"マツキヨ"的な存在で、町中にあるスイスの普通のドラッグストアよりもずっと値段が安く、ドイツ系とは言え、並んでいる商品はスイス・プロダクトも豊富です。

▶ スイスのハーブを使ったオーガニック・コスメ

　とにかくさまざまなものが並んでいるドラッグストアですが、ぜひ手に取ってほしいのがスイス発のオーガニック・コスメです。山岳地方ならではのキレイな空気をふんだんに浴びた**地元産のハーブや植物の原材料を使用したものが多く、クオリティが高く、肌にも大変優しい商品が多い**からです。パッケージも持続性にこだわりをもち、環境への配慮を第一に素材選びから考えられていることがほとんど。プロダクトだけでなく、細部にこだわって作られているのです。

　スイス産のオーガニック・コスメと言えば、日本でもよく知られたるヴェレダ(WELEDA)がありますが、せっかくですからスイスでしか買えないブランドを紹介しましょう。

● farfalla（ファルファラ）

スイスのアロマセラピーブランドで、100％ピュアなエッセンシャルオイルを提供しています。自然な香りと癒しの効果で、ナチュラル派の人々から高い支持を集めています。疲れを癒すラベンダーやリラックス効果の高いスイートオレンジなど、幅広い種類が選べます。また自然な香りで空間を心地よく包み込むルームスプレーやディフューザーもおすすめ。パッケージもエレガントなので贈り物にも喜ばれるでしょう。

● BIOKOSMA（ビオコスマ）

スイスを代表するナチュラル・スキンケア・ブランドで、スイスアルプスの植物を活用し、全製品が厳しいオーガニック基準を満たしており、肌にも環境にも優しいスキンケア商品を提供。ハンドクリームなどの保湿クリーム、ボディケア、ヘアケアなど、幅広いカテゴリーが揃っており、肌タイプに合わせて選べます。サスティナビリティへの取り組みにも前向きで、パッケージデザインはシンプルですが、スイスらしさが出ています。

● GOLOY（ゴロイ）

少し大人向けなスキンケア商品が揃います。スイス発の高品質スキンケアブランドで、クレンジング、保湿クリーム、セラム、アイクリームなど自然由来の成分にこだわった商品を提供しています。ブランドの理念は、肌に優しく、持続可能な美容を実現することで、とくに敏感肌や自然派志向の人に人気があります。

スイス人の食事を担う
国民的スーパーとは?

▶ 日本とは違うスーパーのシステム

　お土産探しからちょっとした食事など、物価高のスイスでは**旅行者の強い味方になるスーパーマーケット**。日本のスーパーとの大きな違いは、**野菜や果物が量り売り**という点。青果コーナーにはポリ袋があるので、それに一種をまとめて入れて近くに設置された秤で計量します。そのため、**オレンジ1個からでも購入OK！ 好きな量だけ購入できる**のはうれしいですね。支払いの際は、レジを通った商品を客自らが袋に詰めるシステムです。レジ袋はエコ対策ですべて有料のため、**日本からエコバッグを持参しておくと便利**です。

　ちなみに、飛行場や大きな駅構内にあるスーパー以外、**日曜日はすべてクローズ**。土曜日も閉店時間は少し早くなり、16〜18時となります。駅にある**Kiosk（キオスク）という売店は食料品やタバコが売られており、365日早朝から夜遅くまで開いている**ので、非常時に利用するといいでしょう。ただし、値段が割高であること、山岳地方の駅には無いということを念頭に！

▶ 二大スーパーのCOOP & MIGROS

　スイスではCOOPとMIGROSの二大スーパーがスイスの食卓を担っていると言っても過言ではありません。一般家庭の人々のほとんどがこの二大スーパーを特価品などによって使い分けています。

126

7章 お得に買い物するコツ

まず、「COOP（コープ）」は、村にでもあるスーパーマーケット。とくに、COOPのオリジナルブランドと言える「PRIX」の商品（左ページ写真）が安くて狙い目です。大きめの店舗に行くと果物、サラダ、お惣菜、サンドイッチなど、買ってすぐに食べられる食品の種類が豊富なのでおすすめです。

もうひとつが「MIGROS（ミグロ）」。小さな村にはなく、小さめの町から大都市部で展開しています。こちらもオリジナルブランド「M Budget」（上記写真）はかなりお得！ ただし、アルコール＆タバコは扱っていないのでご注意を。

▶ それ以外でおすすめのスーパー

スイスで知っておくと便利な、その他のスーパーもご紹介しましょう。

● DENNER（デンナー）

MIGROS系列（傘下）で、スイスでは3番目に大きいスーパー。大量仕入れをするので全体の商品が格安なのが特徴。とくに旧ユーゴスラビア系の外国産の飲料やお菓子が安く購入できる。

● ALDI（アルディ）

2005年にスイスに上陸したドイツ系スーパー。プライベートブランドも充実していて、品質も悪くなく、それでいて価格がリーズナブルなので人気が高い。

● LiDL（リドル）

値段の安さでは上位に入る、ドイツ系のスーパー。この店でしか買えないブランドも多く、また、スイス製品の品揃えも充実。

> コラム

スーパーで買える！
美味しいお土産8選

Käse

チーズ

チーズの商品棚にはハード系からソフト系までずらりと並んでいて見るだけでワクワク！ 日本まで持ち帰るなら、真空パックになったハード系のチーズがおすすめ（P112-113）。

Kräutertee

ハーブティーのティーバッグ

スイスといえばハーブ。アルプスの澄んだ空気の中で育てられるハーブを使ったハーブティーは心にも体にも優しい。ペパーミント、タイム、菩提樹の葉、オレンジの花など種類も様々。

Schokolade

チョコレート

世界のチョコレート消費量のトップを行くスイス。チョコレート売り場はまさに天国で、スイス生まれのミルクチョコとヘーゼルナッツチョコを始め、様々な物があり。どれもハズレなし！

Käsefondue

チーズフォンデュ用チーズ

お土産として持ち帰りやすい箱入りのチーズフォンデュ。チーズの種類もグリュイエールやアッペンツェラー、ミックスチーズなど様々あり。Gerberのものがおすすめ。

美味しいものはお土産として喜ばれる No.1！ そこでぜひ利用したいのがスーパーです。私が日本に持ち帰り、喜ばれたものを中心にセレクトしました。

※チーズとワインは手荷物に入れると、手荷物検査時に没収されるので注意。
なお、チーズなどの持ち帰りは温度や湿度の影響を受けやすいので自己責任で！

スイスワイン

国内でほぼ消費してしまうスイスワイン（P116-117）は、日本では希少品。人気はヴァリス州生産の白ワイン。店頭でテイスティングをやっていることがあればラッキー！

クッキー

スイスのクッキーは甘さ控えめで、とっても美味！ マッターホルンやエーデルワイス、スイス国旗などスイスらしいモチーフがチョコでかたどられたクッキーは見た目もかわいい。

ハーブキャンディー

「ス〜イ〜ス生まれ〜のハ〜ブキャンディ♪」というジングルでもよく知られるほどハーブキャンディーは有名。Ricolaのハーブキャンディーには色々なフレーバーがあって楽しい！

ラクレットチーズ

スイスでラクレットを食べたなら、その味を日本でも再現してみては？ 薄く切ってフライパンで溶かし、茹でたじゃがいもにかければOK！ すでに薄く切られた状態のものも便利。

129

季節の風物詩 or 日常生活⁉
生活に根差したマーケットへ

▶ スイスの食材の宝庫 "朝市"

　スイスでは**定期的に青空朝市（独Wochenmarkt／仏Marché）が週ごとに各地で開かれています**。それぞれの農家が自慢の採りたて新鮮野菜や果物、採取した果物から作るシロップやジャム、ケーキ、パン、はちみつ、チーズなどを車に積んで早朝から街にやって来る、ファーマーズマーケットです。大体が午前中で閉じてしまいますが、午後までやっている場所もあり。都市部はもちろん、各地の小さな町でも定期的に開かれています。**ただし、基本的に開催される曜日が決まっているので事前確認は必ずしましょ**う。ホテルなどで開催日時を聞いてみるのが◎でしょう。

ルツェルンで行われているマーケットの様子。色とりどりの野菜が並ぶ

▶ のみの市で掘り出し物に出会う⁈

　スイスの**フリーマーケット（独Flohmarkt／仏marché aux puces）は、意外とねらい目！**　世界の中でも裕福と言われるスイスですから、思わぬ値打ちものが出品されていることもあります。もちろん、「これは何に使うの？」という、一見ガラクタのようなものもありますが、掘り出し物を根気よく見つけてみましょう。

7章　お得に買い物するコツ

▶ 季節ごとのマーケットもチェック！

　日常的に開かれているマーケットだけでなく、その時期だけの特別なマーケットも見逃せません。**例えば、ベルンで行われる「玉ねぎ市（ツィーベレメリット／ Zibelemärit）」は毎年 11月の第4月曜日に開催**。この日は花で装飾された美しい玉ねぎで街中が彩られます。1405年、ベルンで起きた大火災時に、全焼してしまったベルンの復旧作業を手伝いに来たのがフリブール住民でした。その御礼にベルン市は11月の第4月曜日に限り、フリブールの農民たちにベルン市場での自由売買の権利を与えたことがこの玉ねぎ市の由来です。玉ねぎのパイやスープも楽しめるのでぜひ！

　また、**12月をメインに各地で開かれる「クリスマスマーケット（Weihnachtsmarkt / marché de Noël）」**もクリスマスの風物詩。クリスマス装飾品、ホットワイン、レープクーヘンやクッキーなどのクリスマス菓子などが売られ、雰囲気いっぱいの素朴な木造屋台がぎっしりと建ち並びます。とくに、中世の時代の雰囲気が残る小さな旧市街でのクリスマスマーケットはとても素敵ですよ。

耳よりコラム

ちょっと足をのばして隣国の歴史あるクリスマスマーケットへ

12月にスイスを訪れる方は、近隣のクリスマスマーケットにぜひ立ち寄ってみて。フランスのストラスブールやコルマールのでクリスマスマーケットは歴史的にも古く、カラフルで可愛らしい街並みに加え、タルト・フランベやクグロフなどの名物もたくさん。一方、ドイツのフライブルク旧市街のクリスマスマーケットでは、ドイツらしいスパイスの効いた焼き菓子のレープクーヘンやソーセージなどをぜひ。寒い体を温めてくれるホットワインもお忘れなく。いずれもバーゼルから電車でコルマールとフライブルクは約40分、ストラスブールは1時間20分で行けます。

免税(タックスフリー)は スイスにいる間に必ずすること

▶ 300CHF以上、購入したら免税を！

スイスでは8.1％の付加価値税が定められています(食品・医薬品・書籍の税率は2.6％)。そのため、何を購入してもこの税金がプラスされているのですが、**外国人旅行者はタックスフリー加盟店で、総額300CHF以上の買い物をした場合は免税の手続きが行えます**。自己申請制になっているので、支払いの際に「タックスフリー・プリーズ」と言い、免税書類を発行してもらいましょう。ちなみに、リヒテンシュタイン(P141)での免税もスイスの税関で行え、手順もスイスと同様となります。

▶ 帰路に行う空港での手続き

免税書類を作ってもらっただけではお金は還付されません。**帰路の際(またはスイスを出国する際)に、空港の免税デスクで免税書類に輸出承認証のスタンプを押してもらう必要**があります。その際は免税書類はもちろん、購入品のレシート、未使用(未開封)の購入品、航空券、パスポートが必要となり、本人が手続きをしなければなりません。

手続きには2通りの方法がありますが、**まず、購入した商品を機内持ち込みの手荷物にする**方法。その場合は手荷物検査場に行き、検査が終了したら搭乗客エリアにある税関へ行って、そこで購入商品を見せつつ、スタンプを押してもらう形になります。場所は空港内の案内図で確認しましょう。

7章 お得に買い物するコツ

　もうひとつは、**免税品をチェック・インする際の預ける荷物の中に入れる方法**。まずチェック・インの手続きをカウンターにて行いますが、ここでは荷物を預けません。チェック・イン後に免税品の入ったスーツケースを持って税関へ行きましょう。係員はそこでスタンプを押してくれます。荷物の入ったスーツケースはそのまま税関職員が引き取り、飛行機に運んでくれるシステムとなります。

　なお、スタンプを押してもらった免税書類は、そのまま持ち帰ってしまうと×。**搭乗客エリアにあるGlobal BlueまたはTravelexという付加価値税払い戻しカウンター**へ行きましょう。 スタンプをもらった免税書類とパスポートを提示すれば、その場で還付金を現金（スイスフラン）で払い戻してもらうか、クレジットカードの銀行口座に日本円で振り込んでもらえます。成田空港と関西空港にも払い戻しカウンターがそれぞれあるので、確認スタンプを提示するだけで還付金を日本円で受け取れますが、いずれも**手数料がかかるため、クレジットカードにしておくのが何かと便利**ですよ。最近、税金の還付が追跡できるアプリなども出てきましたが、英語での表示となります。

▶ スイスでの免税手続きはスイスで！

　スイスはユーロ加盟国ではないので、他通貨の国ではスイスフランの免税手続きはできませんので、スイスでの免税手続きをお忘れなく！ 　例えば、他の国に立ち寄る、または陸路で出国する場合の免税続きは必ずスイスの税関でする必要があります。陸路での出国の場合、駅によっては税関がなく、「空港に行ってくれ」と言われてしまうこともあり、手続きはやや面倒になります（どの駅でも税関があるとは限らず諦めるしかなくなります）。

133

コラム

ここがユニーク！
日本人から見た スイス人考察 その3

〜とにかく騒音に敏感な国民性〜

　スイス人は驚くほど騒音や音に敏感な国民です。スイスに来て驚いた第一位の習慣と言えるほどです。夜はこれから！という22時以降はとにかく「静かに！」が基本となっています。

　例を挙げてみましょう。

- 夜中のトイレは流さない
- 22時以降はシャワー＆風呂は使用しない＆洗濯機は回さない
- ハウスパーティーでの騒音は22時まで
- 公園など外での馬鹿騒ぎは22時以降は×

　とくに多くの世帯がともに住んでいるアパートや一軒家が横並びに並んだ長屋式の家で暮らしている場合は、騒音が響きやすいので上記の点に気をつけなければなりません。これらの騒音は公害とみなされ警察に通報されることだってあるのです！　幼い子どもがいるとどうしても音を立ててしまいがちですが、何度も苦情が来て、その度に引越しをしなければならなかったという日本人の苦労話を聞いたことがあります。また大都市のライブハウスなども、22時頃までで切り上げなければならないという場所もあるほどです。

8章

ちょっと足をのばして 隣国へのエクスカーション

スイスの世界遺産

　スイスの世界遺産は文化遺産、自然遺産あわせて全部で12か所あります（広域部含む）。どれも世界の宝としてふさわしい素晴らしいものばかり、わざわざ足を運ぶ価値はどれをとってもおおいにあります。その中からいくつかピックアップして紹介しましょう。

▶ベリンツォーナ旧市街の
3つの城と防壁・城壁群
Castelli di Bellinzona

　ベリンツォーナ（Bellinzona）は古くから城砦が築かれて来た歴史ある街です。古くは紀元前1世紀のローマ軍の駐屯に始まり、多くの国々の支配勢力に潰されかけては城砦がベリンツォーナを守り続けて来ました。現在も残る13～15世紀にかけて建てられた3つの城は、アルプス地方に残るとても貴重な城砦、防壁として世界遺産に指定されました。

ベルン旧市街
(P88-89)

▶ル・コルビュジエの
レマン湖の小さい家
Villa 《Le Lac》 Le Corbusier

　近代建築界の大巨匠ル・コルビュジエが年老いた両親のために、日当たりのよい温暖なレマン湖沿いにあるヴヴェイ郊外のコルソー（Corseaux）に家を建ててあげたのがこの「レマン湖の小さい家」です。自然光がよく入るように設計された天井、窓からの景色、壁、家具に至るまで熟考され、工夫された素晴らしい建築物です。

8章 隣国へのエクスカーション

▶ザンクト・ガレン修道院 (Fürstabtei St. Gallen)

7世紀にアイルランドから来訪した修道士ガルスが築いた庵を基盤に、後の8世紀に建設。現在見られる修道院の建築物の数々は18世紀半ばごろに再建されたバロック様式のものです。修道院付属の図書館も息を飲むほど素晴らしく、17万冊にも及ぶ蔵書を保持しています。中世の図書館としては世界最大級で、ロココ調の内装も大変美しく、一般人の利用も可能です。

スイスアルプスの
ユングフラウと
アレッチ氷河 (P66-67)

▶ミュスタイアのベネディクト会聖ヨハネ修道院 Benediktinerinnen-Kloster St.Johann

グラウビュンデン州のミュスタイア (Müstair) にあるベネディクト会修道院。世界でも希少価値の高いカロリング様式を用いたこの修道院は、保存状態が極めて良好なことが評価され世界遺産登録されました。カロリング様式とは、8世紀後半〜9世紀にかけてカロリングルネッサンス時代に用いられた現ベルギーを中心としたフランク王国のカール大帝の時代に始まった様式です。

レーティッシュ鉄道
アルブラ線、ベルニナ線と
周辺の景色 (P76-77)

▶サン・ジョルジョ山　Monte San Giorgio

スイス、イタリア語圏のティチーノ州の南端にある標高1096mの山。一見なんの変哲も無い普通の緑生い茂る山ですが、世界遺産に登録するに至ったのは、なんと2億4500万年前〜2億3000万年前に形成された5層からなる地層より出土された数々の化石の存在です。この地層はイタリアにまで広がっており、イタリア側も世界遺産に指定されています。

137

ちょっと足をのばして

イタリア編 ✦ Italy ✦

▶ 高級リゾート地コモ湖、その先のミラノへ

　スイスとの国境沿いに位置するコモ湖はイタリアの高級リゾート地
として名高い場所。2016年にゴッタルド・ベーストンネル（世界最
長の全長57Km）が完成し、スイスからイタリアのミラノまでのアク
セスが短縮され、チューリッヒ中央駅からミラノ中央駅までが直通で
3時間26分となり、コモ湖へもより近いアクセスが可能となりまし
た。このルートの停車駅もとても魅力的です。世界遺産の古都ベリン
ツォーナ（P136-137）、おしゃれな街ルガーノ、イタリアにほど近い
キアッソなど、スイス・トラベル・パスを持っている人は途中下車し
ながらゆっくりミラノまで旅するのもよいでしょう。コモ湖だけでな
く、スイスとイタリアにまたがったマッジョーレ湖もおすすめ。こち
らも北イタリアの高級避暑地として名高く、ジェラート片手に美しい
街をぶらりとするのも楽しいでしょう。

　また、ジュネーブからミラノへアクセスする山越えルートも◎。ス
イス国境を出てすぐのイタリアのドモドッソラに広がるシンプロン峠
など、雄大な景色を眺めながら走るので大変見応えがあります。

スイス各地からの行き方 👣

- チューリッヒ中央駅からミラノ中央駅までECで約3時間20分。停車駅はツー
  ク→アート・ゴルダウ→ベリンツォーナ→ルガーノ→キアッソ→コモ・S・ジョ
  ヴァンニ。
- チューリッヒ中央駅からICでルガーノ乗り換えだと約3時間10分。

■ 8章　隣国へのエクスカーション

ちょっと足をのばして
ドイツ編 ※{ Germany }※

▶ 湖畔の街、フライブルク＆リンダウ

　スイスからドイツへのアクセスはスイス北西部のバーゼルからと北東部のチューリッヒからの2通りあり、どちらも非常に便利。少し電車に乗れば様々な都市に行くことができます。

　まず、バーゼルからわずか40分で出られるドイツのフライブルクへ行ってみましょう！　フライブルクは、美しい大聖堂が象徴的な学生の街。大聖堂広場では大きな朝市が催されたり、学生の集う旧市街の一角は多くのおしゃれなカフェやレストラン、素敵な雑貨屋さんなどが建ち並びます。スイスからたった80km程度しか離れていないのに、建物はもちろん、料理もビールもパンもそこにはもうスイスの香りはなくなりドイツ一色に。日帰りでドイツをたっぷりと堪能できるオススメの街です。

　次に、チューリッヒから気軽に出かけられるのが、リンダウ。大きなボーデン湖の近くにあり、ドイツのアルペン街道の起点にもなっています。湖沿いのカフェや旧市街も雰囲気があって素敵です。

旧市街はとてもかわいらしい街。歩いているだけで楽しくなる

スイス各地からの行き方 👣

- バーゼルSBB駅からフライブルク中央駅までICEで約40分、REで約1時間。
- チューリッヒ中央駅からリンダウ-ロイティン（Lindau-Reutin）までECで約1時間30分。

ちょっと足をのばして
フランス編 ⁂France⁂

▶ おとぎ話のような世界観のコルマール＆ストラスブール

　バーゼルはドイツとフランスとスイスの3つ国の国境の接点にあります。そのため、フランス側へのアクセスもあっという間。ドイツとフランスの文化が混在するフランスのアルザス地方の、とっても可愛らしい魅力的な街まですぐに行くことができます。

　まず、小さな町のコルマール (Colmar) へはバーゼルから列車でわずか約40分。カラフルな木組みの家々は実に絵になります。食文化もドイツとフランスが入り混じり、とても興味深いです。昼食はぜひアルザス地方の名物「タルト・フランベ」を。生クリームと玉ねぎ、細かいベーコンとチーズを乗せて焼いたフランス風の軽いピザといった感じでとっても美味です。

　また、アルザス地方の州都であるストラスブール (Strasbourg) もおすすめ。ドイツ文化が色濃く反映された街は独特な手の込んだ装飾が施された建築物が印象的で、なかでもストラスブール大聖堂は圧巻です。そして、世界最古のクリスマスマーケットも有名で、街全体のクリスマスデコレーションは一度は見たい素晴らしさ。大聖堂前に立つ大きなクリスマスツリーも見ものです。

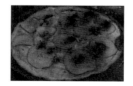
これがタルト・フランベ。リンゴをのせたデザートタイプも美味

スイス各地からの行き方
- バーゼルSBB駅からコルマール駅までTER線で約45分。ストラスブールまでは、コルマールからさらに同じ列車で約35分ほど。

8章 隣国へのエクスカーション

ちょっと足をのばして
リヒテンシュタイン編 {Liechtenstein}

▶ 小さな小さな国、リヒテンシュタイン

　人口わずか3万5千人、スイスとオーストリアに挟まれたリヒテンシュタイン公国(Fürstentum Liechtenstein)、通称リヒテンシュタインはその面責はわずか160km²で世界第6位のミニ国家です。そんな小国ですが、スイスの影響を大きく受けながらも独自の文化を持つユニークな国です。

　一番の見どころは、ファドゥーツ城(Schloss Vaduz)。このお城はその美しさから宮崎駿の長編アニメ「ルパン三世カリオストロの城」のモデルにもなっています。そして、リヒテンシュタインの観光名物になっているのが「パスポートにスタンプを押してもらうこと」。ファドゥーツの観光案内所(リヒテンシュタイン・センター)で押してもらえるので、ぜひ入国の記念にどうぞ！ ただし、法的のスタンプではありません。また、手の込んだ絵画や柄の切手が有名なリヒテンシュタイン。郵便博物館(Postmuseum)の切手コレクションはとても見応えがあります。ちなみに、リヒテンシュタインではスイスフランが通貨となっています。免税手続きもスイスで行えます。(P132-133参照)

©Liechtenstein Marketing
首都ファドゥーツにある城。少し離れたところからの撮影が◎

スイス各地からの行き方
● チューリッヒ中央駅からIC/ICE/RJX線でサルガンツ(Sargans)まで約1時間。バス11番またはエクスプレス12番に乗り換えファドゥーツ・ポストまで30分。

スイスから隣国へ行く時は
パスポートをお忘れなく！

▶ パスポートは必ず携帯を！

　スイスはEUに属してはいませんがヨーロッパの全28カ国が加入しているシェンゲン圏内です。そのため**スイスから近隣諸国のシェンゲン加盟国に入国する際は、入国審査は省かれます**。しかし、国際列車で国境を超える辺りで警察官が車内を歩いて検閲に来ることもあり、その際にパスポートの提示を求められることが稀にあります。そんな時のためにも**パスポートは必ず持参を**。国境越えに関係なく、パスポートは国外では唯一の身分証明書です。パスポートは常に失くさないように携帯しておきましょう。

　万が一にもパスポートを紛失してしまった場合に役に立つのがパスポートの写真ページのコピーです。これと戸籍謄本か戸籍抄本のどちらかの一通を在日本大使館に持参すればすぐに紛失届および再発行手続きが出来るからです。治安のよいスイスとは言え、備えあれば憂いなしです。万が一の災難にいつでも対処できるようにコピーなどはパスポートとは別の場所に入れて、持っておくことが肝心です。

　なお、電車内で検閲されるときはとくにスタンプを押されるなどの行為はありません。ほとんどの場合は、パスポートをチェックされるだけで終了します。ちなみに、日帰り旅行などで隣国を訪れ、再度スイスに入国する際も基本的にはチェックはありません。

8章　隣国へのエクスカーション

▶ 自動車で国境を越える場合は？

　自動車での国境越えも基本的に電車などと同じになります。ただ、近年、スイスでも不法移民が大きな問題となっているため、国境警備に関しても以前よりは厳しくなったと言えます。しかし、**基本的には車を止められて聞かれるといったことはほとんどありません**。国境のゲートに税関がありますが、大抵の場合はスルーする形です。しかし、たまに規定オーバーの買い物をしている車はないか、と抜き打ちで検査をしていることも。運悪く停車を求められたとしても簡単な質問やトランクの中のチェックをされるだけだと思います。その際も慌てることはありません！　審査官の指示に従い、パスポートの提示やトランクを開けるだけでよいのです。

▶ その他の国境越えの注意点

　ヨーロッパは陸路続きで様々な国にアクセスできますが、**スイスとの間に時差がある国もあるので気をつけましょう**。例えば、イギリスやポルトガルは1時間遅く、ルーマニアやフィンランドなどは1時間早まります。逆にスイスとの時差がないのは、フランス、ドイツ、イタリア、スペインなどの中央ヨーロッパとなります。電車の発車時刻など、スイス時間のままにしておかないように！　また、**免税の手続きは、必ずスイスを出国する際に済ませる必要**があります（P132-133）。EU加盟国は最後にEUを出る国でまとめてすることができますが、スイスはEU加盟国ではないため、独自にしなければなりません。日帰り旅行などでまたスイスに戻ってくる場合はよいですが、そのまま他の国に出る場合は忘れずに手続きをしましょう。

143

【著者プロフィール】

ネプフリン松橋由香 (ねぷふりん まつはし ゆか)

東京都出身、スイス（ドイツ語圏）在住。多摩美術大学美術学部デザイン学科立体デザイン専攻（現工芸学科）を卒業後、1999年に渡欧。スウェーデンとスコットランドの美術大学・工芸科で客員生として学んだ後、イラストレーターに転身。現在はスイスで2児の子育てをしながら留学や欧州生活、旅行経験を活かして多くのイラスト旅行ガイド本を手掛け、イラストレーター、色鉛筆画家、旅行ライター として「日本とヨーロッパの架け橋」となるべく活動中。2024年に英国ファルマス美術大学にてイラスト科修士号を取得。著書に「スイス 大人女子の旅 行きたい叶えたい80のこと」があり。

STAFF

編集・構成　　粟野亜美
デザイン・DTP　村口敬太・村口千尋（Linon）
イラスト・写真　ネプフリン松橋由香

もっと楽しむための　スイス旅行術　改訂版
今だから知っておきたい達人の知恵50

2024年12月25日　第1版・第1刷発行

著　者　ネプフリン松橋由香（ねぷふりん まつはし ゆか）
発行者　株式会社メイツユニバーサルコンテンツ
　　　　代表者　大羽 孝志
　　　　〒102-0093 東京都千代田区平河町一丁目1-8
印　刷　株式会社厚徳社

◎「メイツ出版」は当社の商標です。

●本書の一部、あるいは全部を無断でコピーすることは、法律で認められた場合を除き、著作権の侵害となりますので禁止します。
●定価はカバーに表示してあります。
© 松橋 由香, 粟野亜美, 2018 , 2024 . ISBN978-4-7804-2978-7　C2026　Printed in Japan.
ご意見・ご感想はホームページから承っております。
ウェブサイト　https://www.mates-publishing.co.jp/

企画担当：折居かおる

※本書は2018年発行の『知っていればもっと楽しめる！スイス旅行術 ガイドブックに載らない達人の知恵50』に掲載していた情報の更新と加筆修正を行い、書名を変更して改訂版として発行したものです。